Praxis Berufseinstieg

Friedhelm Heitmann

Das Betriebspraktikum

Hilfreiche Kopiervorlagen zum direkten Einsatz

74 Kopiervorlagen

Lernen mit Erfolg
KOHL VERLAG
Der Verlag mit dem Baum
www.kohlverlag.de

Das Betriebspraktikum

Hilfreiche Kopiervorlagen zum direkten Einsatz

1. Auflage 2011

Inhalt: Friedhelm Heitmann
Redaktion, Grafik & Satz: Kohl-Verlag / Eva-Maria Noack
Druck: Druckerei Ralf Küster, Aachen-Brand

Bestell-Nr. 11 105

ISBN: 978-3-86632-329-2

Inhaltsverzeichnis

KOHL VERLAG Der Verlag mit dem Baum
Das Betriebspraktikum
Hilfreiche Kopiervorlagen zum direkten Einsatz – Bestell-Nr. 11 105
www.kohlverlag.de

Inhaltsverzeichnis

Das Betriebspraktikum
Hilfreiche Kopiervorlagen zum direkten Einsatz – Bestell-Nr. 11 105
KOHL VERLAG Der Verlag mit dem Baum
www.kohlverlag.de

Vorwort

Liebe Kolleginnen und Kollegen,

Betriebspraktika haben heutzutage einen festen Stellenwert bei der Vorbereitung der Schülerinnen und Schüler auf die Arbeits- und Berufswelt. In diesem Band werden unterschiedliche Materialien angeboten, die bei der Planung, Vorbereitung, Durchführung und Auswertung des Betriebspraktikums eingesetzt werden können.

Dabei handelt es sich um Aufgaben- und Frageblätter, Infoseiten, Briefvorlagen, Formblätter, Lückentexte, ein Simulationsspiel sowie ein Ereignisspiel. Viele bearbeitete Aufgaben- und Frageblätter können den Schülern* als Informationsbasis für das Schreiben der Praktikumsberichte dienen. Dokumentationen können auch über das Praktikum erstellt werden.

Dem Lehrer bleibt es überlassen, welche der dargebotenen Materialien zusätzlich in eine Betriebspraktikumsmappe eingefügt werden. Zur Betriebspraktikumsmappe können die Schüler auch ein individuelles Deckblatt gestalten.

Viel Spaß und Erfolg beim Einsatz dieses Bandes wünschen Ihnen und Ihren Schülern der Kohl-Verlag und

Friedhelm Heitmann

**Mit Schülern bzw. Lehrern sind im ganzen Heft selbstverständlich auch die Schülerinnen und Lehrerinnen gemeint.*

Vorbemerkungen zum Betriebspraktikum (Lehrerinfo)

1. Ein Betriebspraktikum ist eine zeitlich begrenzte Tätigkeit in einem Unternehmen bzw. in einer Behörde.

2. Ziel des Betriebspraktikums ist es, den Schülern einen Einblick in die Arbeitswelt, in betriebliche Abläufe und wirtschaftliche Zusammenhänge zu geben.

3. Die Schüler erhalten Einsicht in die Berufswelt, bekommen vor Ort Informationen sowie Erfahrungen über einen oder mehrere Berufe und können feststellen, ob sie sich dafür eignen.

4. Das Betriebspraktikum kann der Weg zu einem Ausbildungsplatz bzw. Arbeitsplatz sein, sofern sich der Schüler im Betriebspraktikum bewährt.

5. Die Dauer der Betriebspraktika ist für Schüler von Schulart zu Schulart und oft auch von Schule zu Schule unterschiedlich. (Ein schulisches Betriebspraktikum kann z. B. ununterbrochen 3 Wochen dauern oder 3 Monate lang jeweils an 1 bzw. 2 Werktagen je Woche stattfinden.)

6. Durch den Schulträger sind die Praktikanten unfall- und haftpflichtversichert.

7. Die Praktikanten haben keinen Anspruch auf die Bezahlung ihrer Arbeit.

8. Prinzipiell können die Schüler Betriebspraktika in sämtlichen Bereichen der Arbeitswelt machen, wenn keine besondere Gefährdung für die Praktikanten gegeben ist, eine ständige Betreuung vorhanden ist und die gesetzlichen Jugendschutzbestimmungen eingehalten werden.

9. Manchen Betrieben reicht eine persönliche Vorstellung des Schülers, um ihm ein Betriebspraktikum zu ermöglichen. Andere Betriebe verlangen zuvor eine schriftliche Bewerbung (Bewerbungsschreiben, einen tabellarischen Lebenslauf, evtl. ein Passbild und eine Kopie des letzten Zeugnisses) oder sogar ein Vorstellungsgespräch bzw. einen Eignungstest.

10. Die Schüler sollten sich frühzeitig um einen Betriebspraktikumsplatz bemühen. Wer zu spät kommt, den bestraft bekanntlich das Leben bzw. ... der muss nehmen, was übrig bleibt.

Das Betriebspraktikum
Hilfreiche Kopiervorlagen zum direkten Einsatz – Bestell-Nr. 11 105
KOHL VERLAG Der Verlag mit dem Baum
www.kohlverlag.de

1

Vor dem Praktikum

Das Betriebspraktikum
Hilfreiche Kopiervorlagen zum direkten Einsatz – Bestell-Nr. 11 105
KOHL VERLAG Der Verlag mit dem Baum
www.kohlverlag.de

1 Das Sozialverhalten

Eine nicht unbedingt notwendige, aber dennoch wichtige Voraussetzung für das Teilnehmen an der Arbeitswelt ist das entsprechende Sozialverhalten. Da je nach Schülern bzw. auch je nach Umfeld der Schule völlig andere Voraussetzungen gegeben sind, kann folgender „Testbogen“ einen Überblick geben. Er kann nach Auswertung auch als Vorlage dienen, worauf man noch besonderes Augenmerk legen sollte.

Name: ______________________________

Die Persönlichkeit	☺	😐	☹
➲ Stärken erkennen			
➲ Schwächen erkennen			
➲ Selbstwertgefühl			
➲ Erfolgserlebnisse vorhanden			
➲ Selbstständigkeit			
➲ Zukunftsvorstellungen / Ziele			
➲ Verantwortungsbewusstsein			
➲ Gerechtigkeitssinn			
➲ nicht beeinflussbar			
➲ Belastbarkeit			

Das Teamverhalten	☺	😐	☹
➲ Integration im Team			
➲ Verhalten im Team			
➲ Regeln im Team einhalten			
➲ sich einbringen ins Team			
➲ akzeptiert werden			
➲ Kooperationsfähigkeit			

Die Kommunikation	☺	😐	☹
➲ zuhören können			
➲ sich ausdrücken können			
➲ Gesprächsregeln einhalten			
➲ sich in andere einfühlen			
➲ Kritik- / Konfliktfähigkeit			
➲ Problemlösefähigkeit			

KOHL VERLAG Der Verlag mit dem Baum
www.kohlverlag.de
Das Betriebspraktikum
Hilfreiche Kopiervorlagen zum direkten Einsatz – Bestell-Nr. 11 105

1 Einladung zum Elternabend

Liebe Eltern der Schüler(innen) der Klasse __________ ,

zu Beginn dieses Schuljahres möchte ich Sie recht herzlich zu einem Elternabend einladen. Hier sollen einige wichtige Themen besprochen werden, die für den weiteren Lebensweg Ihres Kindes mitentscheidend sind, so z. B. die Praktika der Klasse __________.

Ich möchte Sie, auch im Namen unserer Elternvertreter, recht herzlich auffordern, zu diesem Elternabend zu kommen.

Auf Grund der Praktika ist es sehr wichtig, dass von jeder Schülerin / jedem Schüler mindestens ein Elternteil am Elternabend teilnehmen kann. Praktika können über die Zukunft Ihres Kindes entscheiden.

Der Elternabend findet am

____________________ , dem ________________ ,

um __________ Uhr im Raum ________________ statt.

Mit freundlichen Grüßen

☐ Ich/Wir nehme(n) am Elternabend mit _____ Person(en) teil.

☐ Ich/Wir nehme(n) am Elternabend nicht teil.

____
Name(n)

____
Unterschrift(en) des/der Erziehungsberechtigten

Das Betriebspraktikum
Hilfreiche Kopiervorlagen zum direkten Einsatz – Bestell-Nr. 11 105
KOHL VERLAG Der Verlag mit dem Baum
www.kohlverlag.de

1 **Elternanschreiben**

Liebe Eltern,

ein wichtiges Ereignis steht bevor. Das Betriebspraktikum der Klasse __________

findet in der Zeit vom __________ bis __________ statt.

Die Teilnahme am Betriebspraktikum ist für alle Schüler Pflicht. Das Betriebspraktikum dient dazu, einen Einblick in die Arbeits- und Berufswelt zu verschaffen.
Die Schüler sollen dabei erste Kenntnisse und Erkenntnisse in einem Beruf erwerben, für den sie sich interessieren.
Während des Betriebspraktikums sind die Praktikanten auf dem Hinweg zur Betriebsstätte, am Arbeitsplatz und auf dem Rückweg unfallversichert.

Ich bitte Sie als Eltern dazu beizutragen, dass sich Ihre Tochter/Ihr Sohn rechtzeitig um eine Betriebspraktikumsstelle bemüht. Falls Ihre Tochter/Ihr Sohn noch keinen Praktikumsplatz vorweisen kann, ist zu empfehlen, dass er/sie am besten sogleich die Suche beginnt bzw. fortsetzt und Sie Ihr Kind dabei unterstützen.

Spätestens zum __________ sollte jeder Schüler einen Praktikumsplatz gefunden haben. Der erhaltene Praktikumsplatz ist durch den jeweiligen Betrieb/der jeweiligen Behörde auf dem ausgegebenen Formblatt zu bestätigen.

Sollten Sie Fragen zum Betriebspraktikum haben, können Sie sich gern mit mir in Verbindung setzen.

Bitte geben Sie die Rückmeldung bis zum __________ an mich zurück.

Mit freundlichen Grüßen

✂ -

Rückmeldung

Ich/Wir bestätige(n), den Elternbrief bezüglich des Betriebspraktikums erhalten und gelesen zu haben.

☐ Mein Sohn/Meine Tochter hat bereits eine Praktikumsstelle.

☐ Mein Sohn/Meine Tochter sucht weiterhin nach einer Praktikumsstelle.

________________________ ________________________

Ort, Datum *Unterschrift(en) des/der Erziehungsberechtigten*

Das Betriebspraktikum
Hilfreiche Kopiervorlagen zum direkten Einsatz – Bestell-Nr. 11 105
KOHL VERLAG www.kohlverlag.de

1 Meine Berufsinteressen

Ich heiße: ______________________________

1. **Berufswunsch**: ______________________________

   Das weiß ich über meinen 1. Berufswunsch:

   ____
   ____
   ____
   ____
   ____

2. **Berufswunsch:** ______________________________

   Das weiß ich über meinen 2. Berufswunsch:

   ____
   ____
   ____
   ____
   ____

3. **Berufswunsch:** ______________________________

   Das weiß ich über meinen 3. Berufswunsch:

   ____
   ____
   ____
   ____
   ____

In diesem Beruf/Berufsfeld möchte ich ein Betriebspraktikum absolvieren:

____

Mein Wunschbetrieb ist: ______________________________

Das Betriebspraktikum
Hilfreiche Kopiervorlagen zum direkten Einsatz – Bestell-Nr. 11 105
KOHL VERLAG Der Verlag mit dem Baum
www.kohlverlag.de

1 Die Suche nach einem Praktikumsplatz

Bevor du dich auf die Suche nach einem Betriebspraktikumsplatz begibst, solltest du dir darüber im Klaren sein, in welchem Beruf bzw. Berufsfeld du eine Stelle haben möchtest.

Einen geeigneten Betriebspraktikumsplatz zu bekommen ist nicht unbedingt leicht, vor allem wenn gleichzeitig auch viele andere Schüler danach suchen. Beginne frühzeitig mit der Suche und gehe dabei überlegt vor. Lass dich nicht durch etwaige Absagen entmutigen. Das Bemühen wird irgendwann mit einer Praktikumsstelle belohnt!

Es gibt verschiedene Möglichkeiten bei der Suche nach einem Praktikumsplatz:

- mit den Eltern und/oder weiteren Verwandten sprechen
- mit Mitschülern reden
- Freunde und Bekannte fragen
- in einem Telefonbuch (z. B. „Gelbe Seiten") die Anschriften und Telefonnummern von Betrieben und Behörden heraussuchen
- in der Umgebung von Betrieb zu Betrieb gehen und persönlich nachfragen
- den Berufsberater aufsuchen
- Lehrer ansprechen
- Mitarbeiter von Jugendeinrichtungen um Hilfe bitten
- auf Anzeigen in Zeitungen antworten
- im Internet nach Stellen suchen
- eigene Handzettel verfassen, verteilen, aufhängen
- die Handwerkskammer aufsuchen
- sich an die Industrie- und Handelskammer wenden
- bei Gewerkschaften nachfragen
- ...

EA

Aufgaben: a) *Welche Möglichkeiten möchtest du zuerst nutzen, um einen Praktikumsplatz zu finden?*

b) *Auf welche Möglichkeiten willst du evtl. später zurückgreifen?*

Das Betriebspraktikum
Hilfreiche Kopiervorlagen zum direkten Einsatz – Bestell-Nr. 11 105
KOHL VERLAG Der Verlag mit dem Baum
www.kohlverlag.de

Die telefonische Anfrage – ein Simulationsspiel

Vorgehensweise:
Der Lehrer bringt ein Telefon oder Handy als Requisit in die Klasse mit. Zu Beginn der Unterrichtsstunde simuliert der Lehrer einen Telefonanruf, bei dem es sich um eine telefonische Anfrage (Bewerbung um einen Betriebspraktikumsplatz) handelt. Ganz bewusst begeht der Lehrer dabei Fehler, die man bei der wirklichen Anfrage nicht machen sollte, zum Beispiel:

- der eigene Name wird zu Beginn des Gesprächs nicht erwähnt
- unkonzentriertes, unhöfliches Verhalten
- undeutliche Aussprache
- Fragen werden ungeschickt gestellt
- der Name des Gesprächspartners wird vergessen
- ...

Die Schüler müssen die vorgespielten Fehler erkennen, evtl. stichwortartig auf einem Blatt Papier notieren. Danach analysieren Lehrer und Schüler die simulierte telefonische Anfrage.

- Leitfrage:
  Wie sollte man sich bei der telefonischen Anfrage richtig verhalten?

Anschließend lassen sich weitere telefonische Anfragen vorspielen, wobei jeweils ein Schüler eine Person mimt, die anfragt. Der Lehrer bzw. möglicherweise auch ein anderer Schüler kann den Gesprächspartner in einer Firma oder einer Behörde darstellen.

Per Punktevergabe (Vorschlag für die Punkteskala: 1 – 10 Pkt.) können die zuschauenden Schüler darüber entscheiden, welche vorgespielte Anfrage am besten war.

KOHL VERLAG Der Verlag mit dem Baum
www.kohlverlag.de
Das Betriebspraktikum
Hilfreiche Kopiervorlagen zum direkten Einsatz – Bestell-Nr. 11 105

Die telefonische Anfrage – richtiges Verhalten

Wichtig ist, dass die Schüler sich ausführlich am Telefon vorstellen. Dazu gehören der vollständige Name, das Alter und der Wohnort. Ebenso wichtig ist eine deutliche Aussprache und absolute Freundlichkeit.

Zuerst sollte der Anrufer abwarten, bis der Sprecher am anderen Ende der Leitung ausgesprochen hat. Dann kann das Gespräch z. B. wie folgt begonnen werden:

„Guten Tag, Herr Meier! Mein Name ist Alexander Braun, ich bin 14 Jahre alt und komme aus Oldenburg. Ich besuche momentan die 8. Klasse der Grünwaldschule und würde gerne im Rahmen der Berufsorientierung in Ihrem Unternehmen ein Praktikum absolvieren."

Wichtig ist, dass der Anrufer immer Zwischenfragen des Sprechers am anderen Ende der Leitung abwartet und auch beantwortet.

„Ich bin durch interessante Anzeigen in der Zeitung und auf Empfehlung eines Freundes auf Ihr Unternehmen aufmerksam geworden. Daraufhin habe ich mich im Internet über ihre Firma informiert und habe nun großes Interesse, mein Praktikum bei Ihnen zu machen.
Wenn möglich, würde ich mir gerne den Bereich Produktion und Fertigung genauer ansehen. Ich habe große Freude daran, mit meinen Händen und mit meinem Geschick Dinge zu produzieren und fertigzustellen.
Besteht bei Ihnen die Möglichkeit, ein Betriebspraktikum in dieser Richtung zu absolvieren?"

Nun wird der Gesprächspartner entweder eine Zusage oder eine Absage an den Schüler geben. Möglich ist auch, dass ein persönliches kennen lernen gewünscht wird. Wird der Schüler zum Vorstellungsgespräch eingeladen oder zu einer schriftlichen Bewerbung aufgefordert, kann man dem Personalchef am Telefon zusätzlich sagen, wie lange und in welchem Rahmen das Praktikum stattfinden soll.

„Mein Praktikum ist festgelegt für die Zeit vom 14. Februar bis zum 4. März. Das sind insgesamt 3 Arbeitswochen. Ich habe den Auftrag, über jeden absolvierten Tag einen Tagesbericht zu schreiben. Außerdem wird von meiner Schule gewünscht, dass ich nach dem Praktikum einen ausführlichen Praktikumsbericht schreibe. Ich denke, das wird für mich eine gute Möglichkeit sein, einen Beruf kennen zu lernen.
Ich bedanke mich recht herzlich für das freundliche Gespräch und die Zeit, die Sie sich dafür genommen haben ..."

Je nach Gesprächsverlauf:

– ***„Ich freue mich auf das persönliche Gespräch am Montag um 14 Uhr. Ich werde pünktlich in der Personalabteilung warten."*** *Oder:*
– ***„Auch wenn Sie mir keine Praktikumsstelle anbieten können, vielen Dank für die Auskünfte."***

„Ich wünsche Ihnen noch einen schönen Tag. Auf Wiederhören!"

Die persönliche Vorstellung

Sich persönlich bei einem Praktikumsbetrieb vorzustellen bringt oft mehr ...!

EA

Aufgabe: *Du suchst einen Betriebspraktikumsplatz – und stellst dich dort vor. Schreibe genau auf, was du sagst. Erzähle nach der Begrüßung etwas über deine Person, erst dann äußere deinen Wunsch.*

„Guten Tag, mein Name ist ...

Vielen Dank für ...

Auf Wiedersehen."

Tipp:
Nimm zur persönlichen Vorstellung vorsichtshalber deine schriftlichen Bewerbungsunterlagen mit!

Das Betriebspraktikum
Hilfreiche Kopiervorlagen zum direkten Einsatz – Bestell-Nr. 11 105
KOHL VERLAG Der Verlag mit dem Baum
www.kohlverlag.de

Verhalten während des Vorstellungsgesprächs

Nachdem der Schüler hereingebeten wurde, stellt sich dieser deutlich mit **Vor- und Nachnamen** vor. Der Begrüßungshandschlag geht vom Gegenüber aus, nicht vom Bewerber. Die entgegengestreckte Hand ergreift der Schüler mit kräftigem Händedruck. Sobald der Schüler dazu aufgefordert wird, kann er Platz nehmen. Wenn der Name des Gesprächspartners vergessen oder nicht verstanden wird, fragt man nochmal freundlich nach. Der Schüler sollte die Person hin und wieder **mit Namen ansprechen**. Sollte dem Schüler ein nichtalkoholisches Getränk angeboten werden, so kann er dieses ohne zu zögern annehmen.

Während des Gesprächs **hört** der Schüler **aktiv zu** und unterbricht den Gesprächspartner nicht. Grundsätzlich sollte der Bewerber die überwiegende Zeit das Wort haben, allerdings sollte man das Gespräch nicht an sich reißen. Der ein oder andere Personalverantwortliche behält selber gerne das Wort, sodass einen der eigene Redeanteil nicht zu verunsichern braucht. Sollte der Schüler etwas nicht verstehen, so fragt dieser höflich nach. Das ist besser, als aneinander vorbeizureden oder missverstanden zu werden. Als Bewerber sollte man sich um eine **präzise Ausdrucksweise** bemühen, frei von Phrasen, Floskeln und Worthülsen wie „ich sag mal", „na ja" oder Ähnlichem. In der Aussage immer sachlich bleiben ohne übermäßige Gefühlsausbrüche, Kraftausdrücke, Szenesprache oder Fremdwörter, deren Bedeutung ihm nicht klar ist. Bei Nervosität neigt man dazu, schneller zu sprechen, weshalb der Schüler eine langsamere, deutliche Aussprache anstreben sollte. Ein zu langsames Sprechen vermittelt allerdings keinen dynamischen Eindruck. Also am besten vorher üben.

Ein weiterer wichtiger Punkt ist die **Körpersprache** des Bewerbers. Der Schüler sollte nicht die Arme verschränken. Ebenso sollte er sich nicht stark zurücklehnen oder auf dem Stuhl kippeln. Die Beine sollten beim Sitzen nicht übereinander geschlagen werden, stattdessen die Füße in entspannter Haltung fest auf den Boden stellen. Beim Sitzen sollte der Schüler nicht nur auf der vorderen Stuhlkante hocken, sondern auf der ganzen Sitzfläche sitzen. Die Hände sollte er möglichst ruhig halten. Falls das schwerfällt, kann er z. B. einen Kugelschreiber in der Hand halten, um Notizen zu machen. (Vorher fragen, ob der Gesprächspartner damit einverstanden ist.) Wichtig ist, dass der Schüler **Blickkontakt** mit dem Gesprächspartner hält, ohne ins Starren zu verfallen. Die andere Person nicht anzuschauen wirkt unsympathisch und wenig selbstbewusst. Bei mehreren Gesprächsteilnehmern sollte darauf geachtet werden, alle Beteiligten hin und wieder anzublicken.

Als Bewerber darf man bei einem Vorstellungsgespräch ein wenig schauspielern, allerdings sollte man sich nicht völlig verstellen. Dies wirkt wenig authentisch und wird im Arbeitsalltag nicht dauerhaft möglich sein. **Hilfreich ist es, Gesprächssituationen im Vorstellungsgespräch (Selbstpräsentation, Fragerunde) mit Mitschülern durchzuspielen.** Solche Übungen helfen, Sicherheit zu gewinnen und Ängste abzubauen. Darüber hinaus erhält man ein Feedback, was man noch besser machen kann.

KOHL VERLAG www.kohlverlag.de
Das Betriebspraktikum
Hilfreiche Kopiervorlagen zum direkten Einsatz – Bestell-Nr. 11 105

1 Bewerbung um einen Praktikumsplatz

Alexander Braun
Freilichtstraße 19 a
89556 Fringsheim
Tel.: 03318/983437
E-Mail: alexanderbraun@googlemail.de

Fringsheim, 14.04.2011

Firma Muster
Personalabteilung
Frau Susanne Mustermann
Musterstraße 12
12345 Musterstadt

Bewerbung um ein Praktikum

Sehr geehrte Frau Mustermann,

auf der Suche nach einem lehrreichen und anspruchsvollen Arbeitsumfeld bin ich auf Ihr Unternehmen aufmerksam geworden. Deshalb bewerbe ich mich hiermit um ein Praktikum vom ________ bis ________ in der Abteilung Produktion und Fertigung.

Vor allem bin ich an einer Tätigkeit im Bereich Fertigung interessiert, da ich meine Hände geschickt einsetzen kann. Nach dem erfolgreichen Schulabschluss strebe ich eine Ausbildung in diesem Bereich an.

Ich freue mich darauf, meine persönlichen Fähigkeiten in Ihrem Unternehmen einzubringen und mich aktiv an den Entwicklungsprozessen beteiligen zu können. Auf diese Weise erhoffe ich, umfangreiche Erfahrungen in dem Berufsfeld des Werkzeugmachers sammeln zu können, die mich in meiner Berufswahl bestätigen.

Bestandteil der Berufsorientierung in der Hauptschule ist das Praktikum, das ich eigenständig und verantwortungsvoll gestalten möchte. Ich bin sicher, mein Interesse und mein handwerkliches Geschick kommen Ihnen während meiner Mitarbeit zugute.

Sehr gern stelle ich mich persönlich bei Ihnen vor und freue mich, wenn Sie Zeit für ein Gespräch finden.

Mit freundlichen Grüßen

Alexander Braun
Alexander Braun

KOHL VERLAG Der Verlag mit dem Baum
Das Betriebspraktikum
Hilfreiche Kopiervorlagen zum direkten Einsatz – Bestell-Nr. 11 105
www.kohlverlag.de

1 Tabellarischer Lebenslauf

	Lebenslauf
Name	**Alexander Braun**
Geburtsdatum, -ort	22.10.1997 in München
Adresse	Freilichtstraße 19 a 89556 Fringsheim
Telefon:	03318/983437
E-Mail:	alexanderbraun@googlemail.de
Familie	
Vater	Peter Braun, 46 J., Dipl.-Landwirt
Mutter	Franziska Braun, 45 J., Erzieherin
Geschwister	Melina Braun, 16, Schülerin Max Braun, 12, Schüler
Schulbildung	
2003 – 2007	Grundschule Fringsheim
seit 2008	Hauptschule am kleinen Bildungszentrum Fringsheim
Lieblingsfächer	Mathematik, Deutsch, Sport
Hobbys	Freiwillige Feuerwehr Fringsheim, Leichtathletik, Malen mit Acrylfarben, Aquaristik
Berufswunsch	Werkzeugmacher

Fringsheim, 14.04.2011

Alexander Braun

Alexander Braun

1 Meine Bemühungen um einen Praktikumsplatz

Name: ____

Name, Ansprechpartner, Anschrift, Tel.-Nr., E-Mail des Betriebes / der Behörde	Datum der Anfrage / Bewerbung	Art der Anfrage / Bewerbung (telef., vor Ort, schriftl., online)	Berufsfeld des Praktikums	Antwort: Zusage / Absage

KOHL VERLAG Der Verlag mit dem Baum
www.kohlverlag.de
Das Betriebspraktikum
Hilfreiche Kopiervorlagen zum direkten Einsatz – Bestell-Nr. 11 105

1 An die Praktikumsbetriebe

An den Praktikumsbetrieb

Betriebspraktikum für die Schülerinnen und Schüler der Klasse ____________

vom ___________ bis ___________.

Sehr geehrte Damen und Herren,

Aufgabe der Schule ist es, die Schülerinnen und Schüler auf das spätere Leben vorzubereiten. Dazu gehört auch die Qualifizierung der Heranwachsenden für die Arbeits- und Berufswelt. Vor diesem Hintergrund ist für die Mädchen und Jungen

der Klasse ___________ vom ___________ bis ___________ ein Betriebspraktikum geplant. Dabei sollen die Schülerinnen und Schüler vor Ort in Betrieben bzw. Behörden die Arbeits- und Berufswelt in Ansätzen kennen lernen.

Wir wären Ihnen dankbar, wenn Sie für eine Schülerin oder einen Schüler einen Betriebspraktikumsplatz zur Verfügung stellen könnten. Sofern dies möglich ist, bitten wir Sie, das beigefügte Formblatt „Bestätigung des Betriebspraktikumsplatzes" auszufüllen und der jeweiligen Person auszuhändigen, damit diese in der Schule den Praktikumsplatz schriftlich nachweisen kann.

Im Rahmen des Betriebspraktikums werden die Praktikanten von einer Lehrkraft betreut, die von Zeit zu Zeit zu Gesprächen in den Praktikumsbetrieb kommt.
Es wäre schön, wenn ein Mitarbeiter des Praktikumsbetriebes als Betreuer für die Praktikantin / den Praktikanten fungieren und der betreuenden Lehrkraft als Ansprechperson dienen könnte.

Am Ende des Betriebspraktikums bitten wir Sie, eine „Beurteilung der Leistungen" der Praktikantin / des Praktikanten auszustellen.

Wir bedanken uns im Voraus für Ihre Bemühungen und stehen Ihnen jederzeit für Fragen telefonisch zur Verfügung.

Mit freundlichen Grüßen

KOHL VERLAG
Das Betriebspraktikum
Hilfreiche Kopiervorlagen zum direkten Einsatz – Bestell-Nr. 11 105
www.kohlverlag.de

1 Bestätigung des Praktikumsplatzes

Name des Betriebes: ________________________________

Ansprechpartner: ________________________________

Anschrift: ________________________________

____

____

Tel.: ________________________________

Fax: ________________________________

E-Mail: ________________________________

Bestätigung des Praktikumsplatzes

Ich/Wir biete(n) der Schülerin/dem Schüler ________________________

die Gelegenheit, in der Zeit vom __________ bis zum __________ ein Betriebs-

praktikum in unserem Hause zu absolvieren.

Die Schülerin/der Schüler wird betreut von Frau/Herrn ____________________.

Das Betriebspraktikum beginnt am ____________ um __________ Uhr.

Weitere Hinweise: ________________________________

____

____

____

____

________________________ ________________________

Ort, Datum *Unterschrift und Firmenstempel*

1 Meine Wünsche und Versprechen für das Praktikum

EA

<u>Aufgaben</u>: a) *Kreuze deine **Wünsche** an:* ☒

Ich möchte ...

- ☐ freundlich behandelt werden.
- ☐ ernst genommen werden.
- ☐ über den Betrieb und die dort ausgeübten Berufe näher informiert werden.
- ☐ Arbeiten erledigen, die Abwechslung bringen, und dabei lernen.
- ☐ Arbeitsaufträge möglichst genau erklärt bekommen.
- ☐ nicht immer allein, sondern mit anderen Personen zusammenarbeiten.
- ☐ Freude an der Arbeit haben.
- ☐ Unterstützung erhalten und Verständnis finden, wenn mir etwas nicht gelingt oder ich Fehler mache.
- ☐ dass die Mitarbeiter mit mir Geduld haben.
- ☐ dass nicht zu viel von mir erwartet wird.

Meine weiteren Wünsche:

____

____

b) *Kreuze deine **Versprechen** an:* ☒

Ich ...

- ☐ komme regelmäßig und pünktlich zum Betriebspraktikum.
- ☐ erscheine in angemessener Kleidung im Betrieb.
- ☐ halte mich an die Pausenzeiten.
- ☐ bin freundlich und höflich zu anderen Personen.
- ☐ zeige Interesse an der Arbeit.
- ☐ strenge mich bei der Arbeit an.
- ☐ erledige die gestellten Aufgaben gründlich.
- ☐ frage nach, wenn ich etwas nicht verstanden habe.
- ☐ informiere mich, was ich machen kann, wenn ich mit meiner bisherigen Arbeit fertig bin.
- ☐ bin hilfsbereit.

Meine weiteren Versprechungen:

____

____

Das Betriebspraktikum
Hilfreiche Kopiervorlagen zum direkten Einsatz – Bestell-Nr. 11 105
KOHL VERLAG Der Verlag mit dem Baum
www.kohlverlag.de

Wichtige gesetzliche Regelungen für vollzeitschulpflichtige Schüler

1. Im Schülerbetriebspraktikum dürfen die Schüler pro Tag höchstens 7 Stunden und in der Woche maximal 35 Stunden arbeiten.

2. Ruhepausen sind zu gewähren: Bei einer Arbeitszeit von mehr als 4,5 Stunden muss eine halbe Stunde Pause, bei einer Arbeitszeit von über 6 Stunden eine ganze Stunde Pause erfolgen.
   Arbeitszeit und Ruhepausen dürfen 10 Stunden nicht überschreiten.

3. Erlaubt ist es, Schülerpraktikanten zwischen 6 und 18 Uhr zu beschäftigen.

4. Nach Schluss der täglichen Arbeitszeit dürfen die Schüler erst frühestens 12 Stunden später wieder im Betrieb tätig werden.

5. Die Arbeitszeit ist an den 5 Werktagen je Woche zu verrichten.
   Ausnahmen: Arbeit an Samstagen für Gaststätten, in der Landwirtschaft, im Handel, in Krankenanstalten, Heimen, Bäckereien und Friseurbetrieben. Hier ist der Beginn frühestens um 7 Uhr und das Ende spätestens um 13 Uhr vorgeschrieben.

6. Das Heben und Tragen von Lasten, die regelmäßig 7,5 kg bzw. gelegentlich 10 kg übertreffen, ist für Schüler verboten, auch der Umgang mit gefährlichen Stoffen oder das Arbeiten unter schwebenden Lasten bzw. auf einem Gerüst.

7. Tempoabhängige Arbeiten (Akkordarbeit am Fließband), das ständige Stehen an einem Arbeitsort sowie Tätigkeiten bei außergewöhnlicher Hitze, Kälte, Nässe usw. sind untersagt.

8. Arbeiten, die ein hohes Maß an Verantwortung verlangen, sind den Schülern nicht erlaubt.

9. Nicht zulässig ist auch, die Praktikanten als Ersatz für andere Arbeitskräfte einzusetzen.

10. Ein Gesundheitszeugnis ist nötig für Lebensmittelgeschäfte, Gaststätten, Kindergärten, Krankenhäuser, Altersheime usw..

Das Betriebspraktikum
Hilfreiche Kopiervorlagen zum direkten Einsatz – Bestell-Nr. 11 105
KOHL VERLAG Der Verlag mit dem Baum
www.kohlverlag.de

1 10 Grundregeln für das Praktikum

EA

Aufgabe: *Setze in die Lücken des Textes passende Wörter ein.*

1. Ich gehe ausgeruht, gekämmt und ______________________ gekleidet in den Betrieb.

2. Ich komme regelmäßig und ____________________ zur Arbeit.

3. Ich informiere den Betrieb und den Klassenlehrer, wenn ich

   _________________ bin.

4. Im Fall des Fehlens wegen einer Krankheit oder aus anderen Gründen bringe ich nachträglich ein

   ______________ bzw. einen Entschuldigungsbrief mit.

5. Ich bin freundlich und _________________________ zu den Mitarbeitern, Kunden und Besuchern des Betriebes.

6. Ich zeige _______________________ an der Arbeit.

7. Ich erledige die Aufgaben _____________________, die ich zu machen habe.

8. Ich ______________ mit und frage nach, wenn ich eine Sache nicht verstanden habe.

9. Ich erkundige mich, was ich ____________ kann, falls ich keine Arbeit mehr zu erledigen habe.

10. Ich schreibe auf, was ich an den einzelnen Praktikumstagen

    gemacht und ___________________ habe.

Das Betriebspraktikum
Hilfreiche Kopiervorlagen zum direkten Einsatz – Bestell-Nr. 11 105
KOHL VERLAG Der Verlag mit dem Baum
www.kohlverlag.de

1 Grundsätze, um Unfälle im Betrieb zu vermeiden

1. Konzentriere dich und spiele am Arbeitsplatz nicht mit Werkzeugen oder an Geräten herum.
2. Achte auf Stolper- und Sturzgefahren auf dem Boden. Schau immer nach, ob etwas im Weg ist.
3. Sieh dich vor Fahrzeugen und sich in der Luft bewegenden Gegenständen vor.
4. Für die Arbeit an Maschinen gilt:
   - keine Ringe, Uhren, Ketten ... tragen,
   - enge Kleidung anhaben,
   - etwaige lange Haare zusammenbinden oder unter einer Kappe tragen, sofern dies im Betrieb erlaubt ist.
5. Halte dich unbedingt an bestehende Verbote jeder Art!
6. Vergewissere dich u. a., wo bei Gefahr Fluchtwege sind und es Erste Hilfe gibt.
7. Richte dich nach sämtlichen angebrachten Sicherheitszeichen. Frage nach, falls du nicht weißt, was bestimmte Sicherheitszeichen bedeuten.
8. Befolge die Sicherheitsanweisungen der Mitarbeiter (Beispiele: Helm tragen, Schutzbrille aufsetzen ...).
9. Werde nicht leichtsinnig.
10. Melde jeden erlittenen Unfall.

EA

Aufgabe: *Gestalte einen runden Aufkleber, der vor betrieblichen Unfallgefahren warnt und auf Sicherheitsmaßnahmen aufmerksam macht.*

Das Betriebspraktikum
Hilfreiche Kopiervorlagen zum direkten Einsatz – Bestell-Nr. 11 105
KOHL VERLAG Der Verlag mit dem Baum
www.kohlverlag.de

1 Einige wichtige Sicherheitszeichen

EA

Aufgabe: *Erkläre, was die einzelnen Sicherheits- und Hilfezeichen bedeuten.*

Atemschutz benutzen – Augenschutz benutzen – Betreten der Fläche verboten – Brandmelder – Erste Hilfe – Feuerlöscher – Gehörschutz benutzen – Handschuhe benutzen – kein Trinkwasser – Krankentrage – Leiter – Löschschlauch – mit Hubwagen rollen verboten – Mittel und Geräte zur Brandbekämpfung – Notruftelefon – Rauchen verboten – Rettungsweg/Notausgang rechts – Richtungsanzeige rechts – Schutzhelm benutzen – Warnung vor einer Gefahrenstelle – Warnung vor feuergefährlichen Stoffen – Warnung vor gefährlicher elektrischer Spannung – Warnung vor giftigen Stoffen – Warnung vor Stolpergefahr – Zutritt für Unbefugte verboten

➲ **Verbotszeichen/Gefahrenzeichen (rot/schwarz):**

1 

2 

3 

4 

5 

➲ **Gebotszeichen (blau/weiß):**

6 

7 

8 

9 

10 

1 Einige wichtige Sicherheitszeichen

➲ **Warnzeichen / Vorsichtszeichen (gelb / schwarz):**

11 

12 

13 

14 

15 

➲ **Rettungszeichen (grün / weiß):**

16 

17 

18 

19 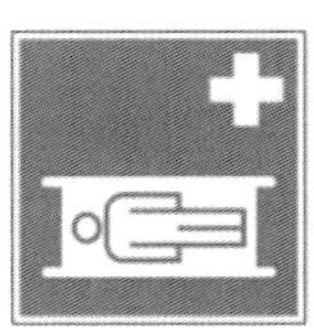

20 

➲ **Brandschutzzeichen (rot / weiß):**

21 

22 

23 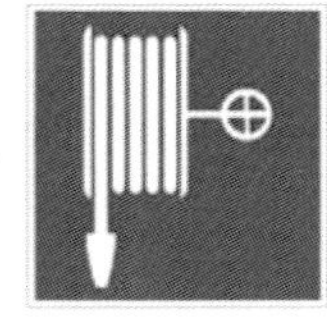

24 

25 

Das Betriebspraktikum
Hilfreiche Kopiervorlagen zum direkten Einsatz – Bestell-Nr. 11 105
www.kohlverlag.de

2

Während des Praktikums

Das Betriebspraktikum
Hilfreiche Kopiervorlagen zum direkten Einsatz – Bestell-Nr. 11 105
KOHL VERLAG
www.kohlverlag.de

2 Erforderliche Adressangaben

Praktikant

Name: ______________________ Vorname: ______________________

Geburtsdatum: ______________________

Straße: ______________________

PLZ, Ort: ______________________

Telefon: ______________________

Praktikumsbetrieb

Firmenname: ______________________

Straße: ______________________

PLZ, Ort: ______________________

Telefon: ______________________

Betreuer während des Praktikums: ______________________

Schule

Name: ______________________

Straße: ______________________

PLZ, Ort: ______________________

Telefon: ______________________ Fax: ______________________

www. ______________________

➲ **Bei Krankheit unbedingt den Betrieb und die Schule anrufen!**

Betreuende(r) Lehrer

____

____

Das Betriebspraktikum
Hilfreiche Kopiervorlagen zum direkten Einsatz – Bestell-Nr. 11 105
KOHL VERLAG Der Verlag mit dem Baum
www.kohlverlag.de

2 Meine Arbeitszeiten

Name der Praktikantin/des Praktikanten:

____

Firma: ______________________________________

Tägliche Arbeitszeit:

Arbeitsbeginn: __________ Uhr

Arbeitsende: __________ Uhr

Pausen:

1. Pause von __________ Uhr bis __________ Uhr
2. Pause von __________ Uhr bis __________ Uhr
3. Pause von __________ Uhr bis __________ Uhr

Gesamte Arbeitszeit an einem Tag (ohne Weg und Pausen)**:**

__________ Stunden __________ Min.

Zeit für den Weg zum Arbeitsplatz: ____________________

Firmenstempel

KOHL VERLAG Der Verlag mit dem Baum www.kohlverlag.de
Das Betriebspraktikum
Hilfreiche Kopiervorlagen zum direkten Einsatz – Bestell-Nr. 11 105

2 Der 1. Tag

EA

Aufgaben: *Beantworte die folgenden Fragen zu deinem ersten Praktikumstag.*

1. *Wie bist du zu deiner Praktikumsstelle gekommen?*

2. *Wie viel Zeit hast du von deinem Wohnsitz bis zur Praktikumsstelle benötigt?*

3. *Um wie viel Uhr bist du bei der Praktikumsstelle angekommen?*

4. *Mit welchen Gefühlen hast du die Praktikumsstelle betreten?*

5. *Von wem und in welcher Weise bist du empfangen worden?*

6. *Was wurde dir gesagt und gezeigt?*

7. *Wer hat sich im Laufe des Tages um dich gekümmert? In welcher Weise geschah das?*

KOHL VERLAG Der Verlag mit dem Baum
Das Betriebspraktikum
Hilfreiche Kopiervorlagen zum direkten Einsatz – Bestell-Nr. 11 105
www.kohlverlag.de

2 Der 1. Tag

8. *Welche Dinge hast du während des Tages in welcher Reihenfolge am Arbeitsort gemacht?*

9. *Was hast du dabei gelernt?*

10. *Wie hast du die Arbeitspause(n) verbracht?*

11. *Bis wie viel Uhr hast du gearbeitet?*

12. *Mit welchen Gefühlen hast du die Praktikumsstelle an deinem 1. Praktikumstag verlassen?*

Das Betriebspraktikum
Hilfreiche Kopiervorlagen zum direkten Einsatz – Bestell-Nr. 11 105
KOHL VERLAG
www.kohlverlag.de

2 Tagesbericht 1. Tag

EA

<u>Aufgabe</u>: *Berichte von deinem 1. Praktikumstag.*

Datum: ______________________

Vormittags: ____

____

____

____

____

Nachmittags: ____

____

____

____

____

Das gefiel mir heute gut: ____

____

____

____

____

____

____

Das gefiel mir heute nicht: ____

____

____

____

____

____

____

Das Betriebspraktikum
Hilfreiche Kopiervorlagen zum direkten Einsatz – Bestell-Nr. 11 105
KOHL VERLAG Der Verlag mit dem Baum
www.kohlverlag.de

2 Tagesbericht 2. Tag

EA

Aufgaben: **a)** *Notiere die Angaben zum 2. Praktikumstag.*

Datum: ______________________

Mein Weg zum Arbeitsplatz:

Aufstehen um __________ Uhr

Frühstück um __________ Uhr

Von zu Hause los um __________ Uhr

Benutzte Verkehrsmittel: ____

Ankunft im Betrieb um __________ Uhr

Beginn der Arbeit um __________ Uhr

Feierabend um __________ Uhr

Ankunft zu Hause um __________ Uhr

Schlafengehen um __________ Uhr

b) *Berichte darüber, wie der Tag bis zum Arbeitsbeginn für dich verlief. Beschreibe genau, was du im Einzelnen machtest.*

____

____

____

____

____

____

____

____

____

____

Das Betriebspraktikum
Hilfreiche Kopiervorlagen zum direkten Einsatz – Bestell-Nr. 11 105
KOHL VERLAG
www.kohlverlag.de

2 Tagesbericht 3. Tag

EA

Aufgaben: *Berichte von deinem 3. Praktikumstag.*

Datum: ______________________

1. *Mit welchen Werkzeugen, Geräten, Maschinen und anderen Arbeitsmitteln wird im Betrieb gearbeitet?*

2. *Nenne mehrere Beispiele, was mit den Werkzeugen, Geräten, Maschinen und anderen Arbeitsmitteln getan wird.*

3. *Mit welchen Utensilien hast du schon gearbeitet?*

4. *Welche Utensilien hast du heute eingesetzt?*

5. *Womit würdest du gern arbeiten?*

KOHL VERLAG – Der Verlag mit dem Baum – www.kohlverlag.de
Das Betriebspraktikum
Hilfreiche Kopiervorlagen zum direkten Einsatz – Bestell-Nr. 11 105

2 Tagesbericht 4. Tag

Datum: ____________________

EA

Aufgabe: *Beschreibe deinen Arbeitsplatz genau. Erwähne alle Besonderheiten und Gegebenheiten im Umfeld deines Arbeitsplatzes.*

Das Betriebspraktikum
Hilfreiche Kopiervorlagen zum direkten Einsatz – Bestell-Nr. 11 105
KOHL VERLAG Der Verlag mit dem Baum
www.kohlverlag.de

2 Tagesbericht 5. Tag

EA

Aufgabe: *Berichte von deinem 5. Praktikumstag.*

Datum: ______________________

Vormittags: ______________________

____

____

____

____

Nachmittags: ______________________

____

____

____

____

Hier ist Platz für wichtige Informationen zu dem erkundeten Beruf:

____

____

____

____

____

____

____

____

____

____

____

KOHL VERLAG Der Verlag mit dem Baum www.kohlverlag.de
Das Betriebspraktikum
Hilfreiche Kopiervorlagen zum direkten Einsatz – Bestell-Nr. 11 105

2 Mein Tagesablauf während der Praktikumszeit

EA

Aufgabe: *Diese Tabelle zeigt alle 24 Stunden des Tages. Schreibe in den Zeilen genau auf, was du zur jeweiligen Zeit tust. Alle Zeilen, in die du etwas schreibst, das mit Arbeit zu tun hat, markierst du mit gelbem Hintergrund. Alles, was in der Freizeit geschieht, bleibt weiß.*

1–2 Uhr	
2–3 Uhr	
3–4 Uhr	
4–5 Uhr	
5–6 Uhr	
6–7 Uhr	
7–8 Uhr	
8–9 Uhr	
9–10 Uhr	
10–11 Uhr	
11–12 Uhr	
12–13 Uhr	
13–14 Uhr	
14–15 Uhr	
15–16 Uhr	
16–17 Uhr	
17–18 Uhr	
18–19 Uhr	
19–20 Uhr	
20–21 Uhr	
21–22 Uhr	
22–23 Uhr	
23–24 Uhr	
24–1 Uhr	

Das Betriebspraktikum
Hilfreiche Kopiervorlagen zum direkten Einsatz – Bestell-Nr. 11 105
KOHL VERLAG Der Verlag mit dem Baum
www.kohlverlag.de

2 Freier Tagesbericht

Name: ______________________ Datum: ______________

Dauer der Arbeitszeit: ______________________

Dauer der Arbeitspausen: ______________________

Das machte ich während der Arbeitszeit: ______________________

Das erfuhr und lernte ich: ______________________

☺ Das gefiel mir: ______________________

☹ Das gefiel mir nicht: ______________________

KOHL VERLAG Der Verlag mit dem Baum www.kohlverlag.de
Das Betriebspraktikum
Hilfreiche Kopiervorlagen zum direkten Einsatz – Bestell-Nr. 11 105

2 Wochenbericht

Klasse: ______________ Name: ______________________________________

Betriebspraktikum in der Woche vom: _______________ bis _________________

Notiere kurz (stichwortartig), was du an den einzelnen Wochentagen gemacht hast.

1. Tag: ____

____

____

____

____

2. Tag: ____

____

____

____

____

3. Tag: ____

____

____

____

____

4. Tag: ____

____

____

____

____

5. Tag: ____

____

____

____

____

KOHL VERLAG Der Verlag mit dem Baum www.kohlverlag.de
Das Betriebspraktikum
Hilfreiche Kopiervorlagen zum direkten Einsatz – Bestell-Nr. 11 105

2 Betriebserkundung

EA

Aufgaben: *Erkundige dich in deinem Praktikumsbetrieb und fülle aus.*

1. *Name, Anschrift, Telefonnummer ... des Betriebes:*

2. *Gründungsjahr des Betriebes:*

3. *Größe des Betriebes, Zahl der Mitarbeiter, Abteilungen, Zweigstellen ...*

4. *Anzahl der Ausbildungsplätze und Praktikumsplätze:*

5. *Dauer der Arbeitszeit und etwaige Schichten im Betrieb je Tag und Woche:*

6. *Welche Berufe werden im Betrieb ausgeübt?*

7. *Arbeitsmaschinen, Arbeitsgeräte, Werkzeuge des Betriebes:*

KOHL VERLAG Der Verlag mit dem Baum www.kohlverlag.de
Das Betriebspraktikum
Hilfreiche Kopiervorlagen zum direkten Einsatz – Bestell-Nr. 11 105

8. *Welche Arbeiten werden von diesem Betrieb ausgeführt?*

9. *Einstellungschancen und Aufstiegsmöglichkeiten in dem Betrieb:*

10. *Weitere Angaben zu dem Betrieb (Wichtiges):*

Das Betriebspraktikum
Hilfreiche Kopiervorlagen zum direkten Einsatz – Bestell-Nr. 11 105
KOHL VERLAG Der Verlag mit dem Baum
www.kohlverlag.de

11. *Gibt es in dem Betrieb eine schriftliche Betriebsordnung? Wenn ja, was steht in der Betriebsordnung? Vielleicht kannst du auch eine Betriebsordnung in ausgedruckter Form bekommen.*

12. *Welche Regeln gelten sonst noch in dem Betrieb?*

13. *Welche Sicherheitsvorschriften sind in dem Betrieb zu beachten? Welche Sicherheitszeichen sind im Betrieb an den Wänden oder Maschinen zu sehen? Schreibe sie auf und skizziere sie kurz.*

Das Betriebspraktikum
Hilfreiche Kopiervorlagen zum direkten Einsatz – Bestell-Nr. 11 105
KOHL VERLAG
www.kohlverlag.de

14. *Um wie viel Uhr müssen die Mitarbeiter im Betrieb sein? Gibt es eine gleitende Arbeitszeit? Wie werden die jeweiligen Arbeitszeiten der Mitarbeiter erfasst?*

15. *Ist der Betrieb für Kunden geöffnet? Falls ja, von wann bis wann?*

16. *Wann werden Arbeitspausen gemacht?*

17. *Welche Arbeiten wiederholen sich gewöhnlich im Verlauf des Tages?*

18. *Welche Arbeiten werden während des Arbeitstages nur manchmal oder selten gemacht?*

19. *Was macht die Leitung des Betriebes bzw. der Zweigstelle im Laufe des Tages?*

20. *Gibt es regelmäßige Besprechungen der Mitarbeiter im Betrieb? Wenn ja, was wird besprochen, wie oft und wann finden die Besprechungen statt?*

21. *Was erledigen die Mitarbeiter vor Arbeitsschluss?*

22. *Wann ist Arbeitsschluss? Machen die Mitarbeiter manchmal oder öfter Überstunden? Wenn ja, wie häufig?*

KOHL VERLAG Der Verlag mit dem Baum
Das Betriebspraktikum
Hilfreiche Kopiervorlagen zum direkten Einsatz – Bestell-Nr. 11 105
www.kohlverlag.de

2 Informationen über den Beruf

EA

Aufgaben: *Beantworte die folgenen Fragen zu deinem erkundeten Beruf.*

1. *Wie heißt der Beruf, den du erkundet hast?*

2. *Was muss man in diesem Beruf besonders gut können?*

3. *Mit welchen Maschinen, Geräten und Werkzeugen wird in dem Beruf gearbeitet?*

4. *Wie viele Jahre beträgt die Ausbildungszeit in diesem Beruf?*

5. *Wie viel Geld verdient man während der Ausbildungszeit und danach?*

6. *Kann man diesen Beruf ohne vorherige Ausbildung ausüben?*

Das Betriebspraktikum
Hilfreiche Kopiervorlagen zum direkten Einsatz – Bestell-Nr. 11 105
KOHL VERLAG Der Verlag mit dem Baum
www.kohlverlag.de

7. *Welchen Schulabschluss und welche Zeugniszensuren benötigt man für diesen Beruf?*

8. *Wie sind die jetzigen und zukünftigen Chancen, in diesem Beruf einen Arbeitsplatz zu finden?*

9. *Welche Vorteile und Nachteile hat dieser Beruf?*
Denke dabei an: Arbeitsanforderungen, Arbeitsabläufe, Arbeitsbelastungen, Arbeitszeiten, Arbeitsorte, Arbeitsklima, Verdienstmöglichkeiten, Berufschancen, Aufstiegsmöglichkeiten ...

KOHL VERLAG Der Verlag mit dem Baum
Das Betriebspraktikum
Hilfreiche Kopiervorlagen zum direkten Einsatz – Bestell-Nr. 11 105
www.kohlverlag.de

2 Informationen zum Berufsfeld

EA

Aufgabe: *Verfasse einen ausführlichen Text zu dem Beruf, den du während des Praktikums kennen lernst.*

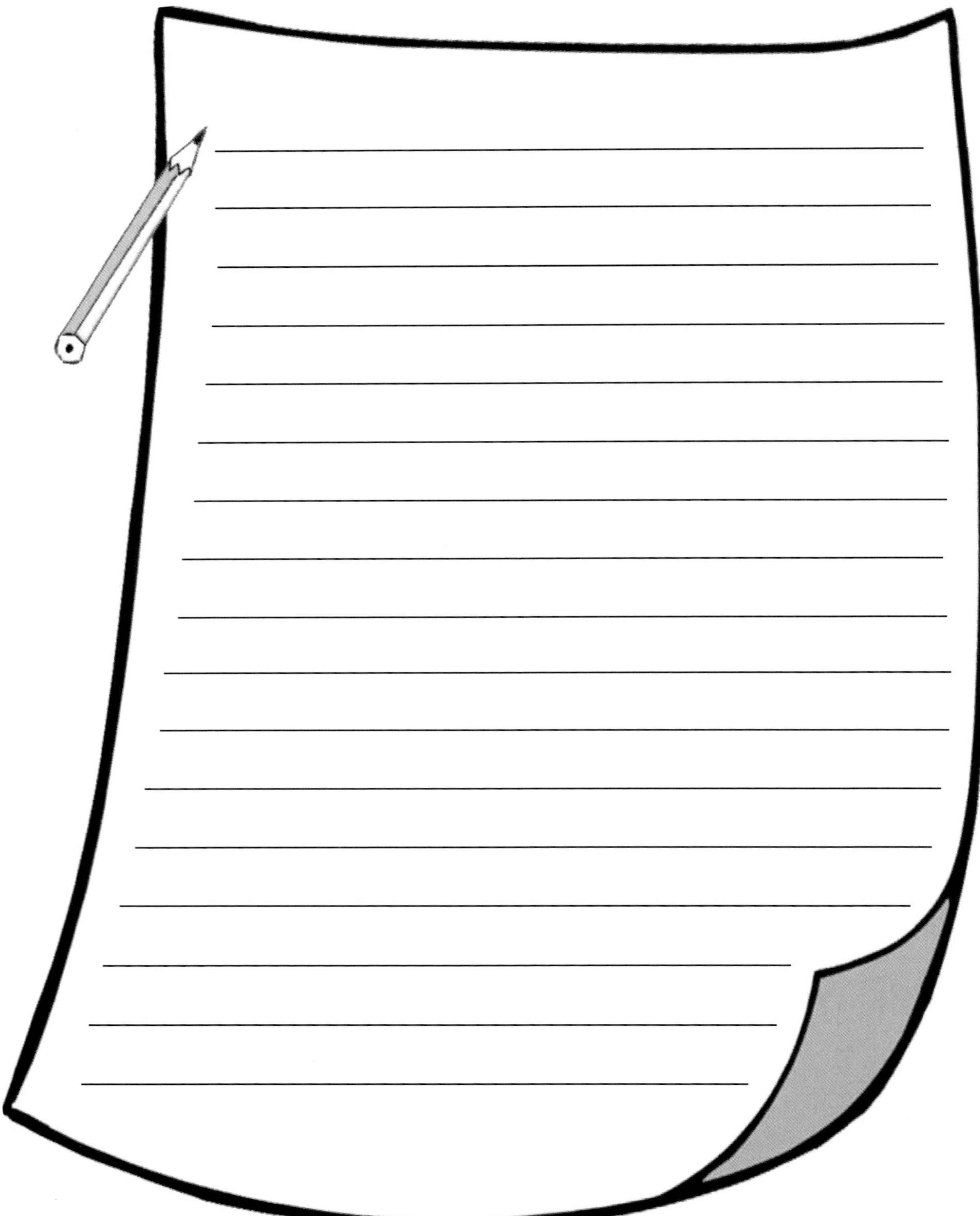

Das Betriebspraktikum
Hilfreiche Kopiervorlagen zum direkten Einsatz – Bestell-Nr. 11 105
www.kohlverlag.de

2 Anforderungen in dem Beruf

EA

Aufgabe: *Welche Anforderungen werden in dem von dir während des Betriebspraktikums ausgeübten Beruf verlangt? Kreuze an, was zutrifft.*

Anforderungen im Beruf des / der ______________________	1 sehr viel	2 viel	3 mittelmäßig	4 ein wenig	5 nicht erforderlich
Körperliche Kraft					
Ausdauer					
Schnelligkeit					
Unempfindlichkeit gegenüber Wärme und Kälte					
Genaues Arbeiten					
Sauberkeit					
Handwerkliches Geschick					
Technisches Verständnis					
Räumliche Vorstellungskraft					
Zeichnerische Begabung					
Rechenfertigkeit					
Redefähigkeit					
Schriftliches Ausdrucksvermögen					
Kontaktfreude					
Gutes Benehmen					
Gutes Aussehen					
Selbstständigkeit					
Verantwortungsbewusstsein					
Durchsetzungskraft					
Organisationsfähigkeit					
Anpassungsfähigkeit					
Teamarbeit					
Fachwissen					
Denkvermögen					
Kreativität					
Etwaige weitere Anforderungen:					

Das Betriebspraktikum
Hilfreiche Kopiervorlagen zum direkten Einsatz – Bestell-Nr. 11 105
KOHL VERLAG Der Verlag mit dem Baum
www.kohlverlag.de

2 Ein Interview mit einem Mitarbeiter

EA

Aufgabe: *Du stellst z. B. folgende Fragen. Notiere die Antworten stichwortartig.*

1. *Welchen Beruf üben Sie aus?*

___

2. *Haben Sie eine Ausbildung für diesen Beruf gemacht?*

___

3. *Welche Schulbildung haben Sie?*

___

4. *Wie lange arbeiten Sie bereits in diesem Beruf?*

___

5. *Haben Sie schon in anderen Berufen gearbeitet? Wenn ja, in welchen? Warum arbeiten Sie nicht mehr in diesem Beruf?*

___

___

6. *Seit wann sind Sie in diesem Betrieb/in dieser Behörde beschäftigt?*

___

7. *Wie haben Sie von dem Arbeitsplatz erfahren?*

___

8. *Wodurch haben Sie den Arbeitsplatz bekommen?*

___

9. *Sind Sie hier in eine höhere berufliche Position aufgestiegen? Wenn ja, welche?*

___

10. *Was sind Ihre jetzigen Hauptaufgaben in dem Beruf?*

___

___

Das Betriebspraktikum
Hilfreiche Kopiervorlagen zum direkten Einsatz – Bestell-Nr. 11 105
KOHL VERLAG Der Verlag mit dem Baum
www.kohlverlag.de

2 Ein Interview mit einem Mitarbeiter

11. *Ist die Arbeit eher leicht oder schwer?*

____

12. *Tragen sie viel Verantwortung in dem Beruf?*

____

13. *Wie gefällt Ihnen die Arbeit?*

____

14. *Sind Sie mit der Bezahlung zufrieden?*

____

15. *Ist der jetzige Beruf Ihr Wunschberuf?*

____

16. *Wie ist das Betriebsklima?*

____

17. *Wie beurteilen Sie das Verhältnis zur Leitung des Betriebes/der Behörde?*

____

____

18. *Gibt es einen Betriebsrat? Wenn ja, wie setzt er sich für die Mitarbeiter ein?*

____

____

____

19. *Haben Sie jemals ein Betriebspraktikum absolviert? Wenn ja, wo?*

____

20. *Halten Sie Betriebspraktika für sinnvoll? Bitte begründen Sie Ihre Meinung.*

____

____

Das Betriebspraktikum
Hilfreiche Kopiervorlagen zum direkten Einsatz – Bestell-Nr. 11 105
KOHL VERLAG Der Verlag mit dem Baum
www.kohlverlag.de

2 Skizze meines Praktikumsplatzes

EA

Aufgaben:

a) *Erstelle eine Skizze deines Arbeitsplatzes/des Platzes, an dem du dich am meisten aufgehalten hast. Du kannst dabei den Raum (z. B. die Backstube) genau von oben skizzieren oder z. B. das komplette Gebäude im Grundriss aufmalen und entsprechend beschriften.*

b) *Beschreibe hier in vollständigen Sätzen, was an deiner Skizze wichtig ist.*

Das Betriebspraktikum
Hilfreiche Kopiervorlagen zum direkten Einsatz – Bestell-Nr. 11 105
KOHL VERLAG
www.kohlverlag.de

2 Der letzte Tag im Praktikum

EA

Aufgaben: *Antworte in vollständigen Sätzen.*

1. *Wie denkst du darüber, dass du zukünftig nicht mehr in einem Betrieb/einer Behörde arbeitest, sondern wieder zur Schule gehst?*

____

____

2. *Welche Arbeitsaufträge hast du noch am letzten Tag erledigt?*

____

____

3. *Hast du dich mündlich bei deinem Betreuer und anderen Mitarbeitern der Praktikantenstelle bedankt?*

____

4. *Hast du ein Dankschreiben überreicht?*

____

5. *Hast du deinen Arbeitsplatz aufgeräumt und sauber hinterlassen?*

____

6. *Hast du alle Arbeitsmaterialien und -kleidung zurückgegeben?*

____

7. *Ist die „Beurteilung des Betriebspraktikums durch den Betrieb“ ausgefüllt, mit dir besprochen und dir ausgehändigt worden?*

____

8. *Was haben dir abschließend Mitarbeiter des Betriebes gesagt?*

____

____

9. *Hast du dich ordentlich in dem Betrieb/der Behörde verabschiedet?*

____

Das Betriebspraktikum
Hilfreiche Kopiervorlagen zum direkten Einsatz – Bestell-Nr. 11 105
KOHL VERLAG Der Verlag mit dem Baum
www.kohlverlag.de

3

Nach dem Praktikum

Das Betriebspraktikum
Hilfreiche Kopiervorlagen zum direkten Einsatz – Bestell-Nr. 11 105
www.kohlverlag.de

3 Beurteilung des Praktikums durch den Betrieb

Die Schülerin / der Schüler ______________________________

hat vom ______________ bis zum ______________ ein Betriebspraktikum absolviert.

Während des Praktikums erbrachte die Praktikantin / der Praktikant folgende Leistungen:

• Pünktlichkeit:

____

• Benehmen:

____

• Zuverlässigkeit:

____

• Lernbereitschaft:

____

• Arbeitseinsatz:

____

• Arbeitsqualität:

____

• Auffassungsgabe:

____

• Ordnung und Sorgfalt:

____

• Selbstständiges Arbeiten:

____

• Zusammenarbeit:

____

Durchschnittliche Bewertung:

bitte ankreuzen: ☒

sehr gut	gut	mittel-mäßig	schlecht	sehr schlecht

Fehlzeiten: __________ unentschuldigt __________ entschuldigt

Weitere Bemerkungen:

____

____

____

______________________ ______________________

Ort und Datum *Unterschrift und Stempel*

KOHL VERLAG Der Verlag mit dem Baum www.kohlverlag.de
Das Betriebspraktikum
Hilfreiche Kopiervorlagen zum direkten Einsatz – Bestell-Nr. 11 105

3 Dankschreiben

Schon aus Höflichkeit solltest du dich mündlich, aber auch schriftlich bei der jeweiligen Firma dafür bedanken: Du durftest dort ein Betriebspraktikum machen. Außerdem verbesserst du durch ein Dankschreiben deine Berufschancen, später in diesem Betrieb arbeiten zu können, möglicherweise einen Ausbildungsplatz zu bekommen.

Ein Dankschreiben ist ein Geschäftsbrief (= sachlicher Brief). Das Dankschreiben wird auch als Danksagung bezeichnet.

In dem Text deines Dankschreibens kannst du z. B. sagen:

- „Vom ... bis zum ... machte ich bei Ihnen ein Betriebspraktikum."
- „Dieses Praktikum gefiel mir (sehr)."
- „Die Mitarbeiter des Betriebes kümmerten sich ... um mich."
- „Ich arbeitete im Team mit, durfte aber bereits einige Dinge selbst erledigen."
- „Durch das Praktikum lernte ich das Berufsleben näher kennen."
- „Mir hat das Praktikum viel gebracht."
- „Ich bedanke mich dafür, dass ich das Praktikum in Ihrem Betrieb absolvieren durfte."
- „Ich danke allen Mitarbeitern / Ihnen für Ihre Bemühungen – für die Beratung, Hilfe und Geduld."
- „Die Arbeit in dem Betrieb hat mir so gut gefallen, dass ich mich über ein Vorstellungsgespräch bei Ihnen freuen würde. Gern würde ich meine Ausbildung in Ihrem Hause absolvieren. Über eine positive Rückmeldung freue ich mich sehr."

Das Betriebspraktikum
Hilfreiche Kopiervorlagen zum direkten Einsatz – Bestell-Nr. 11 105
www.kohlverlag.de

3 Dankschreiben

Alexander Braun
Freilichtstraße 19 a
89556 Fringsheim
Tel.: 03318/983437
E-Mail: alexanderbraun@googlemail.de

Ort, Datum

Firma Muster
Personalabteilung
Frau Susanne Mustermann
Musterstraße 12
12345 Musterstadt

Dank

Sehr geehrte Frau Mustermann,

ich bedanke mich dafür, dass Sie mir die Gelegenheit gegeben haben, ein Betriebspraktikum zu absolvieren. Das Betriebspraktikum bei Ihnen hat mir sehr gefallen.

Ich habe einen guten Eindruck von der Arbeitswelt mit ihren Abläufen erhalten. Die zahlreichen Dinge, wie z. B. ..., die ich bei Ihnen lernen konnte, haben mir Gewissheit über meinen Berufswunsch gegeben.

Besten Dank für ...

Sollten Sie Interesse an meiner zukünftgen Mitarbeit in Ihrem Betrieb haben, bitte ich Sie, mir dies mitzuteilen. Ich würde mich sehr über eine positive Antwort freuen.

Mit freundlichen Grüßen

Alexander Braun

Alexander Braun

KOHL VERLAG Der Verlag mit dem Baum www.kohlverlag.de
Das Betriebspraktikum
Hilfreiche Kopiervorlagen zum direkten Einsatz – Bestell-Nr. 11 105

3 Dankschreiben der Schule an den Betrieb

An die Praktikumsbetriebe / Praktikumsbehörden

Dankschreiben

Sehr geehrte Damen und Herren,

mit diesem Schreiben möchten wir uns bei Ihnen herzlich bedanken.
Sie erklärten sich bereit, eine Schülerin bzw. einen Schüler unserer Schule für ein Betriebspraktikum aufzunehmen.

Die Schülerin / Der Schüler bekam einen Einblick in die Arbeitswelt und gewann Berufserfahrung. Vor Ort kümmerten Sie sich intensiv um die Praktikantin / den Praktikanten. Dafür gebührt Ihnen ein besonderer Dank.

Für die Zukunft hoffen wir, dass auch andere Schüler/innen die Möglichkeit haben, in Ihrem Betrieb ein Praktikum zu absolvieren. Vielleicht besteht sogar für jemanden, der bei Ihnen ein Betriebspraktikum gemacht hat, die Chance, einen Ausbildungsplatz zu bekommen.

Über eine positive Mitteilung würden sich Ihr zukünftiger Auszubildender und die Schule freuen.

Mit freundlichen Grüßen

3 Selbstbeurteilung des Praktikums

EA

Aufgaben: *Beurteile dich selbst:*

Punkteverteilung:
0 1 2 3 4 5 6 7 8 9 10
sehr schlecht ⟶ *sehr gut*

Schülername: ______________________________

Punkte:

1. Wie sehr hast du dich selbst um den Betriebspraktikumsplatz bemüht? ________

2. Wie gut bist du in der Schule auf das Betriebspraktikum vorbereitet worden? ________

3. Wie pünktlich warst du im Betriebspraktikum? ________

4. Wie anstrengend war die Arbeit im Betriebspraktikum? ________

5. Wie sehr hast du dich im Betriebspraktikum angestrengt? ________

6. Wie viel Ausdauer hattest du bei der Arbeit? ________

7. Wie schnell hast du gearbeitet? ________

8. Wie gründlich hast du gearbeitet? ________

9. Wie abwechslungsreich war die Arbeit? ________

10. Wie viel hast du während des Betriebspraktikums von der Arbeit verstanden? ________

11. Wie selbstständig und verantwortungsvoll durftest du im Betriebspraktikum arbeiten? ________

12. Wie gut hast du dich im Betriebspraktikum an die Anweisungen gehalten? ________

13. Wie haben sich während des Betriebspraktikums Mitarbeiter und Vorgesetzte um dich gekümmert? ________

14. Wie sehr bist du im Betriebspraktikum gelobt worden? ________

15. Wie viel hast du im Betriebspraktikum gelernt? ________

16. Wie sehr hat dir das Betriebspraktikum gefallen? ________

17. Wie sinnvoll war das Betriebspraktikum für dich? ________

18. Wie gern würdest du später in dem Betrieb arbeiten, in dem du dein Betriebspraktikum gemacht hast? ________

Je Frage sind höchstens 10 Punkte zu vergeben, insgesamt sind also 180 Punkte erreichbar. ________

Das Betriebspraktikum
Hilfreiche Kopiervorlagen zum direkten Einsatz – Bestell-Nr. 11 105
KOHL VERLAG Der Verlag mit dem Baum
www.kohlverlag.de

3 Gesamtbewertung des Praktikums

EA

Aufgaben: *Beantworte die folgenden Fragen zu deinem Betriebspraktikum. Schreibe in vollständigen Sätzen.*

1. *Welche Dinge haben dir im Betriebspraktikum nicht gefallen?*

____

____

2. *Welche Dinge haben dir im Betriebspraktikum gefallen?*

____

____

3. *Was hast du im Betriebspraktikum über die Arbeits- und Berufswelt gelernt?*

____

____

4. *Ist ein Betriebspraktikum in dem Betrieb, wo du dein Praktikum abgeleistet hast, auch anderen Schülern zu empfehlen? Begründe deine Meinung.*

____

____

5. *Möchtest du eine Ausbildung in dem Beruf(sfeld) machen, in dem du soeben ein Betriebspraktikum absolviert hast?*

____

____

6. *In welchem Betrieb und in welchem Beruf(sfeld) würdest du gern das nächste Betriebspraktikum ausüben?*

____

____

7. *War das Praktikum für dich anstrengend? Wenn ja, warum?*

____

____

Das Betriebspraktikum
Hilfreiche Kopiervorlagen zum direkten Einsatz – Bestell-Nr. 11 105
KOHL VERLAG
www.kohlverlag.de

3 Klassenspiegel

1. Wie viele Mädchen und wie viele Jungen der Klasse nahmen am Betriebspraktikum teil?

2. In welchen Berufen/Berufsfeldern absolvierten die **Mädchen** ein Betriebspraktikum?

3. In welchen Berufen/Berufsfeldern absolvierten die **Jungen** ein Betriebspraktikum?

4. Wie viele Schülerinnen und Schüler beendeten das Betriebspraktikum vorzeitig oder mussten vor Ablauf der Zeit damit aufhören?

5. Wie viele Schülerinnen und wie viele Schüler fanden das Betriebspraktikum **sehr gut**?

6. Wie viele Schülerinnen und wie viele Schüler fanden das Betriebspraktikum **gut**?

7. Wie viele Schülerinnen und wie viele Schüler fanden das Betriebspraktikum **mittelmäßig**?

8. Wie viele Schülerinnen und wie viele Schüler fanden das Betriebspraktikum **schlecht**?

9. Wie viele Schülerinnen und wie viele Schüler fanden das Betriebspraktikum **sehr schlecht**?

10. Wie viele Schülerinnen und wie viele Schüler würden gern eine Ausbildung in dem Beruf(sfeld) machen, in dem sie soeben ein Betriebspraktikum absolvierten?

11. Wie viele Schülerinnen und wie viele Schüler würden gern zukünftig in dem Betrieb oder der Behörde arbeiten, wo sie kürzlich im Betriebspraktikum tätig waren?

KOHL VERLAG Der Verlag mit dem Baum
Das Betriebspraktikum
Hilfreiche Kopiervorlagen zum direkten Einsatz – Bestell-Nr. 11 105
www.kohlverlag.de

3 Schule und Betrieb – ein Vergleich

EA

Aufgaben: **a)** *Schreibe Unterschiede auf, die zwischen den Einrichtungen Schule und Betrieb bestehen.*

SCHULE	BETRIEB

b) *Welche Auswirkungen hat das Praktikum auf deine Arbeit in der Schule? Begründe deine Aussagen.*

c) *Gibt es Schulfächer, in denen du dich verbessern müsstest, damit du deinen Traumberuf erlernen kannst?*

Das Betriebspraktikum
Hilfreiche Kopiervorlagen zum direkten Einsatz – Bestell-Nr. 11 105
KOHL VERLAG www.kohlverlag.de

3 Beobachtungen und Feststellungen im Praktikum

EA

Aufgaben: *Welche der folgenden 10 Aussagen stimmen ganz oder teilweise, welche nicht?*
Was trifft bezogen auf den Betrieb zu, in dem du ein Betriebspraktikum absolviert hast? Antworte in vollständigen Sätzen.

1. Pünktlichkeit der Mitarbeiter wird immer erwartet.

2. Auf Sauberkeit wird sehr geachtet.

3. Alles muss seine Ordnung haben.

4. Selbstständiges Arbeiten ist erforderlich.

5. Auch Teamarbeit wird verlangt.

6. Die Arbeit ist abwechslungsreich.

7. Das Arbeitsklima zwischen den Mitarbeitern ist angenehm.

8. Die Arbeit ist anstrengend.

9. In dem Betrieb habe ich viel gelernt.

10. In dem Betrieb zu arbeiten macht mehr Spaß und bringt mehr, als zur Schule zu gehen.

KOHL VERLAG
Der Verlag mit dem Baum
www.kohlverlag.de
Das Betriebspraktikum
Hilfreiche Kopiervorlagen zum direkten Einsatz – Bestell-Nr. 11 105

3 Selbstständiges Arbeiten und Teamarbeit

EA

Aufgabe: *Setze in die folgenden Lücken die richtigen Begriffe ein.*

Die Lösungswörter in alphabetischer Reihenfolge:

Arbeitsplan – Arbeitswelt – Aufgabe – Leute – Personen – Präsentation – Teamarbeit – Teamwork – Verantwortung – Zusammenarbeit

1. In der heutigen ____________________ sind selbstständiges Arbeiten und Teamarbeit sehr wichtig, sie gehören zu den Schlüsselqualifikationen.

2. Selbstständiges Abeiten heißt: Nicht warten, bis man eine ________________ erhält, sondern von sich aus schauen, was zu tun ist, und diese Arbeit erledigen.

3. Erforderlich sind Mitdenken und die Übernahme von ____________________.

4. Teamarbeit bedeutet __________________________, gemeinschaftliche Arbeit. Das Wort „Team“ kommt aus der englischen Sprache (team = Mannschaft, Arbeitsgruppe).

5. Ein anderes Wort für Teamarbeit ist _________________. (work / *englisch* = Arbeit)

6. Teamarbeit beinhaltet nicht, sich auszuruhen und andere _______________ die Arbeit machen zu lassen nach dem Motto: „**T**oll, **e**in **a**nderer **m**acht´s“.

7. Die Arbeit sollte unter allen ___________________ des Teams gleichmäßig verteilt werden. Jeder hat Teamgeist zu zeigen.

8. Bei der _______________________ gilt es jeweils, eine oder mehrere bestimmte Aufgaben zu bewältigen.

9. Zunächst ist ein genauer _______________________ zu erstellen.

10. Am Ende der Teamarbeit müssen die Arbeitsergebnisse vorgetragen werden. Man bezeichnet das Vorstellen und Vorzeigen der Arbeitsresultate als _________________________. (praesentatio / *lateinisch* = Vorzeigen)

Das Betriebspraktikum
Hilfreiche Kopiervorlagen zum direkten Einsatz – Bestell-Nr. 11 105
KOHL VERLAG
www.kohlverlag.de

3 Meine Tätigkeit im Betrieb

EA

Aufgaben: *Beantworte die folgenden Fragen zu deiner Tätigkeit. Schreibe in vollständigen Sätzen.*

1. *Welche Tätigkeiten hast du während des Betriebspraktikums ausgeübt?*

2. *Mit welchen Werkzeugen, Geräten und Maschinen hast du gearbeitet?*

3. *Hast du meistens allein oder zusammen mit anderen Personen gearbeitet?*

4. *Was durftest du selbstständig machen?*

5. a) *Welche Tätigkeiten waren für dich einfach?*

b) *Welche Tätigkeiten waren für dich schwierig?*

KOHL VERLAG Der Verlag mit dem Baum www.kohlverlag.de
Das Betriebspraktikum
Hilfreiche Kopiervorlagen zum direkten Einsatz – Bestell-Nr. 11 105

3 Meine Tätigkeit im Betrieb

6. a) *Was hat dich besonders interessiert?*

b) *Welche Tätigkeiten waren langweilig?*

7. *Was hast du im Betriebspraktikum gelernt?*

8. *Hat man sich im Betrieb genügend um dich gekümmert?*

9. *Wie bewertest du insgesamt das Betriebspraktikum? Was hat dir das Betriebspraktikum gebracht?*

KOHL VERLAG Der Verlag mit dem Baum www.kohlverlag.de
Das Betriebspraktikum
Hilfreiche Kopiervorlagen zum direkten Einsatz – Bestell-Nr. 11 105

3 Praktikumsbericht

1. Jeder Schüler hat über sein Betriebspraktikum einen Bericht zu schreiben. Dieser wird von dem Fachlehrer zensiert.

2. Die Länge des Praktikumsberichtes sollte mindestens ________ Seiten betragen.

3. Vorn ist der Praktikumsbericht mit einem Titelblatt zu versehen, auf dem der Name und die Klasse des Praktikanten sowie die Bezeichnung, Anschrift und Telefonnummer der Praktikumsstätte genannt werden.

4. Auf der nächsten Seite muss ein Inhaltsverzeichnis mit Seitenzahlangaben erscheinen.

5. Der Text des Praktikumsberichtes ist sauber, möglichst per Computer in Schriftgröße 12 zu schreiben.

6. Auf den einzelnen Blättern ist oben, unten und an den beiden Seiten ein ausreichender Rand einzuhalten.
   In dem Text sind angemessene Absätze zu machen.

7. Der Praktikumsbericht ist als inhaltlich zusammenhängender Text zu verfassen.

8. Die Antworten so mancher Fragen und Aufgaben auf den von der Lehrkraft ausgegebenen Arbeitsblättern sollten als Grundlage für den Text des Praktikumsberichtes dienen.
   Der Praktikumsbericht kann z. B. folgendermaßen gegliedert sein:
   1. Vorwort
   2. Betrieb
   3. Arbeitsalltag
   4. Beruf ...
   5. Meine Tätigkeiten im Betriebspraktikum
   6. Das Spezialthema
   7. Auswertung des Betriebspraktikums

9. Lies den Praktikumsbericht mehrmals durch, verbessere etwaige Rechtschreib-, Zeichensetzungs-, Ausdrucksfehler ..., bevor du ihn dem zuständigen Lehrer gibst.

10. Der Praktikumsbericht ist spätestens am ________________ abzugeben.

Das Betriebspraktikum
Hilfreiche Kopiervorlagen zum direkten Einsatz – Bestell-Nr. 11 105
KOHL VERLAG Der Verlag mit dem Baum
www.kohlverlag.de

3 Spezialthema

EA

Aufgabe: *Suche dir ein besonderes Thema aus, das mit deinem Betriebspraktikum zu tun hat.*
Schreibe zu deinem Spezialthema mindestens ___ Seiten.
Formuliere eigene Sätze, schreibe nicht aus Büchern ab.

Die Leitfrage für dein Spezialthema sollte sein:
➲ ***Was hast du im Betriebspraktikum gelernt?***

Das von dir gewählte Spezialthema kann z. B. heißen:

- ➲ **Die Pflege von Haaren**
- ➲ **Neue modische Frisuren**
- ➲ **Wie man eine Dauerwelle macht**
- ➲ **Die Lagerhaltung in einem Warenhaus**
- ➲ **Werbemaßnahmen eines Geschäftes**
- ➲ **Der Schlauchwechsel beim Fahrrad**
- ➲ **Umgang mit Kunden in einem Telekommunikations-Shop**
- ➲ **Die Verlegung von elektrischen Kabeln in einem Haus**
- ➲ **Der Einbau eines Heizkessels**
- ➲ **Das Lackieren eines Fahrzeuges**
- ➲ **Planung und Durchführung eines Ausfluges mit Kleinkindern**
- ➲ **...**

Gliedere deinen Text in verschiedene Teile und mache sinnvolle Absätze.
Verwende zur Veranschaulichung Bilder, Zeichnungen, Tabellen, Diagramme ...

Das Betriebspraktikum
Hilfreiche Kopiervorlagen zum direkten Einsatz – Bestell-Nr. 11 105
KOHL VERLAG Der Verlag mit dem Baum
www.kohlverlag.de

3 Der freie Bericht

Du kannst einen freien Bericht über dein Betriebspraktikum schreiben, d. h. es bleibt dir überlassen, wie du deinen Bericht aufbaust und was du darin schreibst. In jedem Fall müssen der Aufbau und der Inhalt des Berichtes sinnvoll sein. Der Bericht kann z. B. Abbildungen, Tabellen, Flugblätter enthalten – u. a. auch Fotos, die du selbst vor Ort gemacht hast. Diese können innerhalb des Berichtes oder am Ende als Anlagen präsentiert werden.

➲ **Beispiel:**
Gliederung eines Berichtes über ein Betriebspraktikum

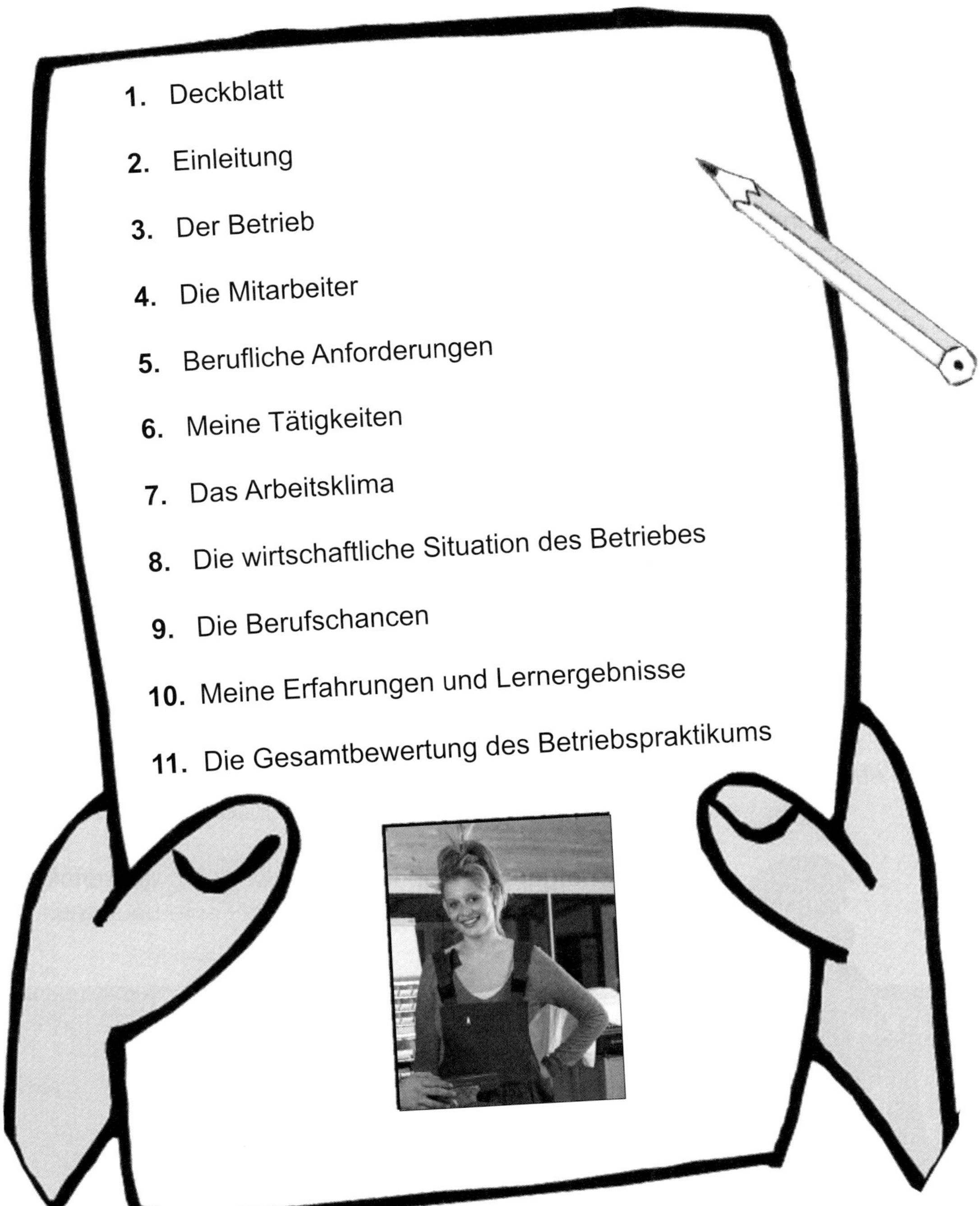

Das Betriebspraktikum
Hilfreiche Kopiervorlagen zum direkten Einsatz – Bestell-Nr. 11 105
KOHL VERLAG Der Verlag mit dem Baum
www.kohlverlag.de

3 Einleitung und Schluss

Einleitung

Du solltest den Text deines Praktikumsberichtes mit einer Einleitung (= Einführung, Vorwort) beginnen. Eine Einleitung führt zum Thema hin.

In der Einleitung kannst du u. a. erwähnen,

- welche verschiedenen Versuche du unternommen hast, um einen Betriebspraktikumsplatz zu erhalten;
- ob es allgemein einfach oder schwierig ist, einen Betriebspraktikumsplatz zu finden;
- wie du schließlich deinen Betriebspraktikumsplatz bekommen hast.

Man kann die Einleitung z. B. mit den Worten beginnen oder darin wörtlich schreiben:

- „Ein Betriebspraktikum soll einen Einblick in die Arbeitswelt vermitteln und auf den späteren Beruf vorbereiten."
- „Ich machte bei/im ... ein ... Betriebspraktikum."
- „Das Betriebspraktikum dauerte vom ... bis zum ..."
- „Zweimal in der Woche arbeitete ich ..."
- „Es war nicht leicht, einen Betriebspraktikumsplatz zu finden. Ich unternahm verschiedene Versuche. Zuerst ..."
- ...

Schluss

Am Ende des Textes deines Praktikumsberichtes sollte ein Schluss stehen. Darin kannst du das Wichtigste zusammenfassen und eine Gesamtbeurteilung des Betriebspraktikums machen.

Im Schluss schreibst du möglicherweise:

- „Insgesamt hat mir das Betriebspraktikum Folgendes gebracht: ..."
- „Vor allem habe ich gelernt ..."
- „Sehr wichtig ist ..."
- „Ich bewerte das Betriebspraktikum ..."
- „Im nächsten Betriebspraktikum werde ich ..."
- ...

Das Betriebspraktikum
Hilfreiche Kopiervorlagen zum direkten Einsatz – Bestell-Nr. 11 105
KOHL VERLAG Der Verlag mit dem Baum
www.kohlverlag.de

3 Beispiele für mögliche Deckblätter

So oder ähnlich können Deckblätter aussehen:

Logo der Schule

Praktikumsbericht

Praktikum bei der Muster GmbH

Praktikant:	Alexander Braun Freilichtstraße 19 a 89556 Fringsheim Klasse
Praktikumsgeber:	Muster GmbH Musterstraße 12 1234 Musterstadt
Praktikumszeitraum:	14.02.2011 – 04.03.2011

Logo der Schule

Praktikum

(14.02. – 04.03.2011)

bei der Muster GmbH Musterstadt

Alexander Braun
Klasse

Logo der Schule

Praktikumsbericht

Praktikum bei der Muster GmbH Musterstadt

vom 14.02.2011 – 04.03.2011

Name des Praktikanten:	**Alexander Braun** **Klasse**
Branche des Betriebes:	**Metallverarbeitung**
Erkundeter Beruf:	**Werkzeugmacher**

3 Beispiele für mögliche Deckblätter

Logo der Schule

Städtische Realschule ...
Waldstraße 80
77654 Offenburg

Hier ist Platz für deine persönliche Gestaltung des Deckblatts, etwa ein Foto deines Betriebes, eines typischen Arbeitsvorganges, ein Bild der Webseite deines Betriebes oder ...

Mappe zum
Betriebspraktikum
vom 14.01. – 25.01.2011

– Name Praktikant –

Praktikumsbetrieb:
Zoohandlung Boos
Wiesenstraße 44
77855 Achern

3 Präsentation

1. Aufgabe der Schüler ist es auch, ihr Betriebspraktikum bzw. ein spezielles Thema dazu vor Lehrern, Mitschülern und evtl. Eltern zu präsentieren.

2. Zu Beginn sollte der Vortragende gegenüber den Zuhörern das Thema und dessen Gliederung erwähnen. Dies kann z.B. gut lesbar durch einen Tafelanschrieb oder durch Nennen auf einem Plakat bzw. auf einer Wandzeitung erfolgen.

3. Wichtig ist, Bilder in die Präsentation einzubeziehen. Ein Bild sagt – gemäß einem Sprichwort – bekanntlich mehr als 1000 Worte. Die Bilder müssen von den Zuhörern gut zu erkennen sein und können u. a. per Dia-Projektor oder Bildschirm dargeboten werden. Möglich ist auch, Fotos an Stellwänden zu zeigen.

4. Der Vortragende kann beispielsweise Werkzeuge oder ein im Betriebspraktikum selbst erstelltes Produkt vorlegen und sich dazu äußern. Ein Gegenstand kann zunächst per Tuch verhüllt sein; den Zuhörern kann kurz Gelegenheit zum Erraten des Gegenstandes gegeben werden, bevor dieser dem Publikum vorgeführt wird.

5. Zu empfehlen ist, sich für den Vortrag Stichwörter auf Karteikarten zu notieren.

6. Bemühe dich, frei zu sprechen, d. h. lies nicht ständig Sätze vom Blatt ab. Versuche nicht den Vortragstext auswendig zu lernen! Übe zuvor das freie Reden vor anderen Personen, wie z. B. Freunden oder Familienmitgliedern.

7. Du musst deutlich, verständlich und laut sprechen. Rede nicht zu schnell.

8. Halte den Blickkontakt zu deinen Zuhörern. Wende dich mal zu der einen Seite, dann zu der anderen Seite des Publikums hin.

9. Ermögliche den Anwesenden, Fragen zu stellen, zumindest am Ende deiner Präsentation.

10. Sofern du gut im Umgang mit dem Computer bist, kannst du eine Power-Point-Präsentation anbieten.

Bedenke: Eine gründliche Vorbereitung ist die Basis, ja der Schlüssel für das Gelingen einer Präsentation!

Das Betriebspraktikum
Hilfreiche Kopiervorlagen zum direkten Einsatz – Bestell-Nr. 11 105
www.kohlverlag.de

3 Das Sozialverhalten danach

Einige Wochen nach dem Praktikum ist es interessant, nochmals das Sozialverhalten genauer unter die Lupe zu nehmen.
Man wird sicherlich bei vielen Schülerinnen und Schülern keine Veränderung feststellen, aber bei einigen hatte das Praktikum wohl seine Auswirkungen.

Ein Vergleich lohnt sich!

Name: ______________________________________

Die Persönlichkeit	☺	😐	☹
➲ Stärken erkennen			
➲ Schwächen erkennen			
➲ Selbstwertgefühl			
➲ Erfolgserlebnisse vorhanden			
➲ Selbstständigkeit			
➲ Zukunftsvorstellungen / Ziele			
➲ Verantwortungsbewusstsein			
➲ Gerechtigkeitssinn			
➲ nicht beeinflussbar			
➲ Belastbarkeit			

Das Teamverhalten	☺	😐	☹
➲ Integration im Team			
➲ Verhalten im Team			
➲ Regeln im Team einhalten			
➲ sich einbringen ins Team			
➲ akzeptiert werden			
➲ Kooperationsfähigkeit			

Die Kommunikation	☺	😐	☹
➲ zuhören können			
➲ sich ausdrücken können			
➲ Gesprächsregeln einhalten			
➲ sich in andere einfühlen			
➲ Kritik- / Konfliktfähigkeit			
➲ Problemlösefähigkeit			

Das Betriebspraktikum
Hilfreiche Kopiervorlagen zum direkten Einsatz – Bestell-Nr. 11 105
KOHL VERLAG
www.kohlverlag.de

3 Das Betriebspraktikum – ein Ereignisspiel

Spielerzahl: *möglichst 2–5 Spieler*

Spielmaterialien: *1 Spielplan (siehe Vorlage Seite 76), 2 Ereignistafeln (siehe Vorlage S. 77 und 78), 1 Zahlenwürfel (mit den Augenzahlen 1–6), 1 Würfelbecher;*
je Spieler: 1 Spielstein, der sich von dem der Gegenspieler unterscheidet.

Spielregeln: *Unmittelbar vor Spielbeginn stellen die Spieler ihren Spielstein auf dem Spielplan vor dem Feld Nr. 1 auf.*
Im Spiel sind die Spieler abwechselnd an der Reihe. Wer dran ist, hat zunächst einmal zu würfeln. Aufgrund des erzielten Würfelresultates ergibt sich, ob der Spieler seinen Spielstein auf dem Spielplan vorziehen darf. Kommt der Spieler gemäß Würfelergebnis auf ein Feld, für das auf der Ereignistafel ein positives Ereignis genannt wird, (z. B. „Du kennst dich über das Jugendarbeitsschutzgesetz aus."), darf der Spieler seinen Spielstein auf das betreffende Feld vorrücken.
Gelangt der Spieler aufgrund des Würfelresultates auf ein Feld, für das auf der Ereignistafel ein negatives Ereignis erwähnt wird (z. B. „Du machst längere Pausen als erlaubt."), muss er seinen Spielstein an der bisherigen Stelle stehenlassen.

Spielsieg: *Gewinner des Spiels ist, wer als Erster mit seinem Spielstein über das Zielfeld Nr. 40 hinauskommt.*

Spielvariationen:

- *Die vom Spiel „Mensch ärgere dich nicht" her bekannte „Rauswurfregel" wird in das Spiel aufgenommen.*
- *Erreicht ein Spieler aufgrund des Würfelergebnisses ein Feld mit einem positiven Ereignis, darf der Spieler seinen Spielstein sogleich auf das übernächste Feld vorziehen, das mit einem positiven Ereignis verknüpft ist.*
- *Das Spiel wird ohne Spielplan und Würfel ausgetragen. Der neutrale Spielleiter (z. B. der Lehrer) notiert an der Wandtafel die Zahlen 1–40. Wer an der Reihe ist, nennt eine der Zahlen, die im Verlauf des Spiels noch nicht genannt worden sind. Der neutrale Spielleiter liest von der Ereignistafel vor, welches Ereignis mit der jeweiligen Zahl verbunden ist. Wird ein positives Ereignis vorgelesen, bekommt der jeweilige Spieler dafür einen Punkt. Im Fall eines negativen Ereignisses erhält der Spieler keinen Punkt. Es wird so lange gespielt, bis alle Zahlen von 1–40 und die damit verknüpften Ereignisse im Spiel behandelt worden sind. Sieger des Spiels ist, wer schließlich die meisten Punkte erzielt hat.*

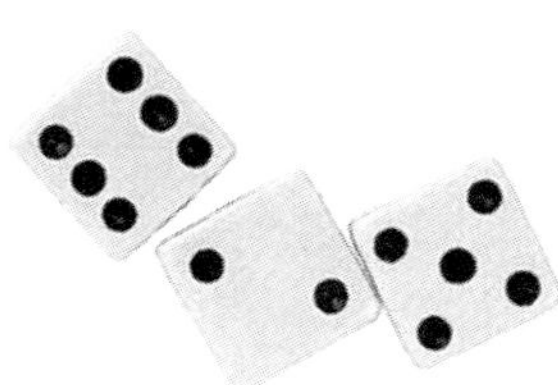

Das Betriebspraktikum
Hilfreiche Kopiervorlagen zum direkten Einsatz – Bestell-Nr. 11 105
KOHL VERLAG Der Verlag mit dem Baum
www.kohlverlag.de

3 Das Betriebspraktikum – ein Ereignisspiel

Das Betriebspraktikum
Hilfreiche Kopiervorlagen zum direkten Einsatz – Bestell-Nr. 11 105
KOHL VERLAG
www.kohlverlag.de

Ereignistafel I

1	Du bist der Meinung, dass Betriebspraktika wenig bringen.
2	Du freust dich auf dein Betriebspraktikum.
3	Deine Bewerbungsunterlagen für dein Praktikum sind unvollständig.
4	Du fragst, wie viel Geld du für das Betriebspraktikum bekommst.
5	Du lässt dich nicht dadurch entmutigen, dass du eine Absage für ein Betriebspraktikum bekommst.
6	Du bewirbst dich für einen Praktikumsplatz mit einer selbst erstellten Power-Point-Präsentation.
7	Du hast dir – ohne Hilfe durch eine andere Person – eine Praktikumsstelle besorgt.
8	Schon am ersten Tag deines Betriebspraktikums kommst du zu spät.
9	Du erscheinst in passender Kleidung im Betrieb.
10	Du vergisst, im Betrieb die Stempelkarte zu drücken.
11	Du trägst in deinem Arbeitsnachweis eine längere Arbeitszeit ein, als du tatsächlich gearbeitet hast.
12	Du bist lustlos. Du hast dich noch nicht daran gewöhnt, täglich so lange zu arbeiten.
13	Du machst wiederholt längere Pausen als erlaubt.
14	Du bekommst eine Abmahnung, weil du morgens wieder zu spät gekommen bist.
15	Du gehst abends frühzeitig zu Bett, um am nächsten Morgen ausgeruht zur Arbeit zu kommen.
16	Du findest das Betriebspraktikum so interessant, dass du sogar in den Pausen weiterarbeiten möchtest.
17	Du kennst dich über das Jugendarbeitsschutzgesetz aus.
18	Du informierst dich gründlich über die Betriebsordnung.
19	Du wirst leichtsinnig und verursachst einen Schaden im Betrieb.
20	Auf deinem zugewiesenen Arbeitsplatz achtest du auf Ordnung und Sauberkeit.

Das Betriebspraktikum
Hilfreiche Kopiervorlagen zum direkten Einsatz – Bestell-Nr. 11 105
KOHL VERLAG Der Verlag mit dem Baum
www.kohlverlag.de

Ereignistafel II

21	Du füllst den erhaltenen Erkundungsbogen sorgfältig aus.
22	Du bist freundlich und höflich.
23	Du hast Hemmungen, verschiedene Mitarbeiter des Betriebes zu befragen.
24	Deine Krankmeldung kommt zu spät.
25	Du streitest dich im Betrieb mit deinem Betreuer.
26	Du hast etwas nicht verstanden und fragst bei deinem Betreuer nach.
27	Du kannst deine Computerkenntnisse während des Betriebspraktikums gut anwenden.
28	Du erwähnst geheime Betriebsdaten in der Öffentlichkeit.
29	Du machst im Betrieb einen Verbesserungsvorschlag, der gutgeheißen wird.
30	Du lässt dich dazu verleiten, Betriebseigentum nach Hause mitzunehmen.
31	Du beteiligst dich daran, einen Auszubildenden zu ärgern.
32	Du bist hilfsbereit und zeigst bei der Arbeit Teamgeist.
33	Du beweist, dass du selbstständig arbeiten kannst.
34	Du bekommst eine Abmahnung, weil du deine Pflichten zum wiederholten Male vernachlässigt hast.
35	Du regst dich darüber auf, dass du im Betrieb putzen/ausfegen sollst.
36	Du machst während des Betriebspraktikums keine Notizen für deinen späteren Praktikumsbericht.
37	Du bedankst dich – auch schriftlich – dafür, dass du im Betrieb ein Praktikum machen durftest.
38	Am Ende des Betriebspraktikums vergisst du, dir vom Betrieb eine Bescheinigung über die Teilnahme am Betriebspraktikum ausstellen zu lassen.
39	Du hast dich im Betriebspraktikum bewährt. Deshalb wird dir vom Betrieb ein Ausbildungsplatz in Aussicht gestellt.
40	Du schreibst einen guten Praktikumsbericht.

Das Betriebspraktikum
Hilfreiche Kopiervorlagen zum direkten Einsatz – Bestell-Nr. 11 105
KOHL VERLAG
www.kohlverlag.de

4 Die Lösungen

1 **Aufgabe S. 24:** 1. sauber/ordentlich, 2. pünktlich, 3. krank, 4. Attest, 5. höflich/hilfsbereit, 6. Interesse/Freude, 7. sorgfältig, 8. denke, 9. tun/machen, 10. gelernt

Aufgabe S. 26: 1. kein Trinkwasser, 2. Rauchen verboten, 3. Betreten der Fläche verboten, 4. Zutritt für Unbefugte verboten, 5. Mit Hubwagen rollen verboten, 6. Schutzhelm benutzen, 7. Gehörschutz benutzen, 8. Augenschutz benutzen, 9. Handschuhe benutzen, 10. Atemschutz benutzen, 11. Warnung vor einer Gefahrenstelle, 12. Warnung vor Stolpergefahr, 13. Warnung vor feuergefährlichen Stoffen, 14. Warnung vor gefährlicher Spannung, 15. Warnung vor giftigen Stoffen, 16. Richtungsanzeige rechts, 17. Erste Hilfe, 18. Rettungsweg/Notausgang, 19. Krankentrage, 20. Notruftelefon, 21. Feuerlöscher, 22. Leiter, 23. Löschschlauch, 24. Brandmelder, 25. Mittel und Geräte zur Brandbekämpfung

3 **Aufgabe S. 64:** 1. Arbeitswelt, 2. Aufgabe, 3. Verantwortung, 4. Zusammenarbeit, 5. Teamwork, 6. Leute, 7. Personen, 8. Teamarbeit, 9. Arbeitsplan, 10. Präsentation

Berufsvorbereitung

Erfolgreich bewerben!

Fix und fertige Stundenbilder zur schnellen Vorbereitung. Bevor jeder hoffentlich schnell ins Berufsleben starten kann, stehen zunächst die erfolgreiche Bewerbung und das Vorstellungsgespräch auf dem Programm. Diese Stundenbilder sollen helfen, den Schülerinnen und Schülern vom Lesen der Stellenanzeige bis hin zum Vorstellungsgespräch alle Stolpersteine aufzuzeigen und praktische Hilfen zu liefern.

Ziele der Stundenbilder: *1. Stellenanzeigen sachgerecht lesen auswerten. 2. Sich angemessen und in schriftlicher Form um eine Stelle bewerben. 3. Einen tabellarischen und einen ausformulierten Lebenslauf verfassen. 4. Durch Übung Sicherheit für ein Vorstellungsgespräch gewinnen.*

32 Seiten **Nr. 10 897** **9,80 €** *(14,90 SFR)*

Tests und Hilfen zum Berufseinstieg

Ein Trainingsprogramm für Schulabgänger. Dieser wertvolle Ratgeber nimmt die Schulabgänger „an die Hand" und bereitet sie auf ihren bevorstehenden Berufsweg vor. Welche Fragen werden bei Einstellungstests gestellt? Wie sieht ein praktischer Testbogen aus? Wie kann ich mich optimal auf mein Vorstellungsgespräch vorbereiten? Auf genau diese brennenden Fragen liefern die Kopiervorlagen umfassende Antworten.

Inhalt: *Die einzelnen Stufen bis zum Ausbildungsplatz; Testbeispiele zum Üben; Exkurs: Assessment-Center-Tests; Rollenspiele*

40 Kopiervorlagen **Nr. 10 695** **12,80 €** *(19,50 SFR)*

Bausteine zur Berufsorientierung

Konzepte zur Vorbereitung auf das Berufsleben

TIPP!

Der vorliegende Band beschäftigt sich mit den einzelnen Bausteinen der Berufsorientierung. Es werden wichtige Informationen, Spiele, Kopiervorlagen und verschiedenste Umsetzungsmöglichkeiten zu 16 Feldern der Berufsorientierung gegeben. Diese Felder beschäftigen sich u. a. mit der Vielfalt der Berufe, den verschiedenen Berufsträumen, den Betriebspraktika, den Bewerbungen und Eignungstests, den Berufsvorbereitungsmaßnahmen der Ausbildung, Arbeitsschutzbedingungen und dem Arbeitsplatz. Neben vielen praktischen Hinweisen und Informationen finden sich auch interessante Zeitungsberichte im vorliegenden Material, die zu meinungsbildenden Diskussionen anregen werden. Der Band liefert rundum praktisches, zeitgemäßes und schülerorientiertes Material!

92 Kopiervorlagen **Nr. 10 867** **19,80 €** *(29,90 SFR)*

Das Betriebspraktikum

Hilfreiche Kopiervorlagen zum direkten Einsatz

NEU!

Betriebspraktika haben heutzutage einen festen Stellenwert bei der Vorbereitung auf die Arbeits- und Berufswelt. In diesem Band zum Betriebspraktikum werden unterschiedliche Materialien angeboten, die bei der Planung, Durchführung und Ausführung des Betriebspraktikums eingesetzt werden können. Dabei handelt es sich um Aufgaben- und Fragenblätter, Infoseiten, Briefvorlagen, Formblätter, Lückentexte, ein Simulations- sowie ein Ereignisspiel. Viele Aufgaben- und Fragenblätter können den Schülern als Informationsbasis für das Schreiben des späteren Praktikumsberichtes und als Grundlage für die Präsentation des Betriebspraktikums vor Zuhörern dienen. Eine Betriebspraktikumsmappe kann so individuell zusammengestellt werden. Ein hilfreiches und arbeitserleichterndes Material, das in der Vorbereitung viel Zeit einsparen wird!

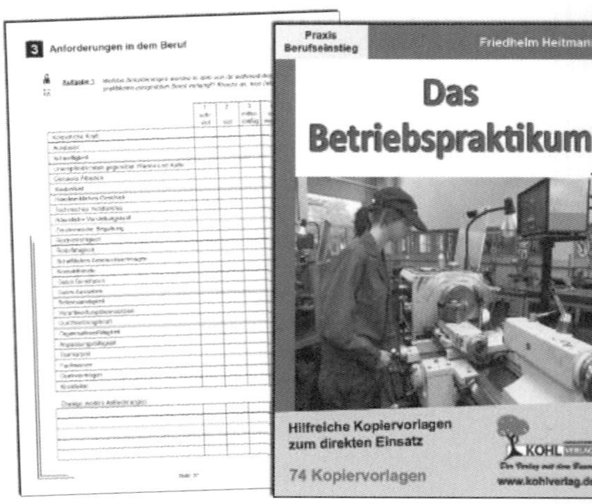

74 Kopiervorlagen **Nr. 11 105** **17,80 €** *(26,90 SFR)*

Deutsch für den Beruf

Ausdruckstraining für alle Situationen des Berufsalltags

NEU!

Wenn die Schülerinnen und Schüler die Schule erfolgreich abgeschlossen haben, beginnt die Berufsausbildung. An dieser Stelle sind die Jugendlichen mit ihrem Paket an Wissen (und Nichtwissen) aus der Schulzeit nun plötzlich ganz auf sich alleine gestellt und sie müssen sich im neuen Praxisumfeld völlig neu bewähren. Erste Probleme tauchen auf: die passende Rhetorik in Geschäftsbriefen, Bewerbungsschreiben, die korrekte Schreibung von Straßennamen oder das leidige Thema, ob es z.Hd. Herr oder Herrn heißt ... . Die Kopiervorlagen dieses Bandes widmen sich diesen speziellen „Problemzonen" und sorgen durch ein gezieltes Ausdruckstraining für eine zielgerichtete Verbesserung der Schreib- und Sprechkompetenz im Beruf.

44 Kopiervorlagen **Nr. 11 085** **14,80 €** *(22,50 SFR)*